विज्ञान एवं खेल कथाएं

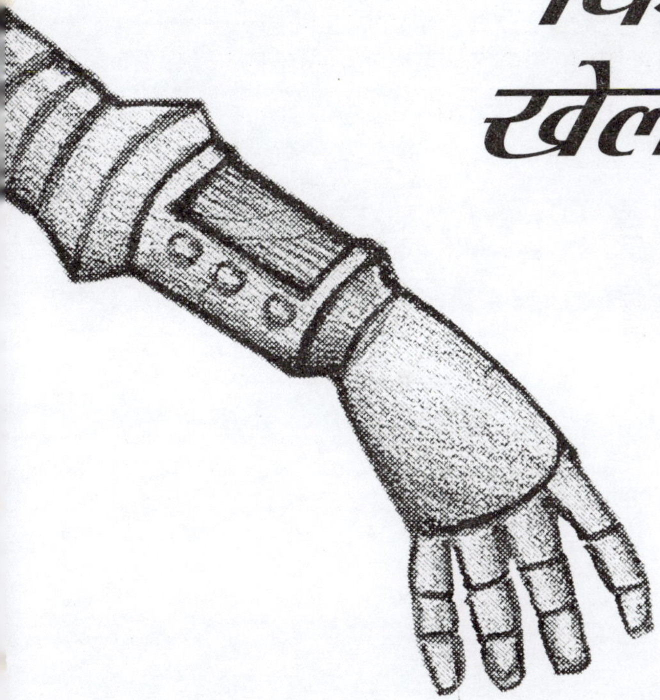

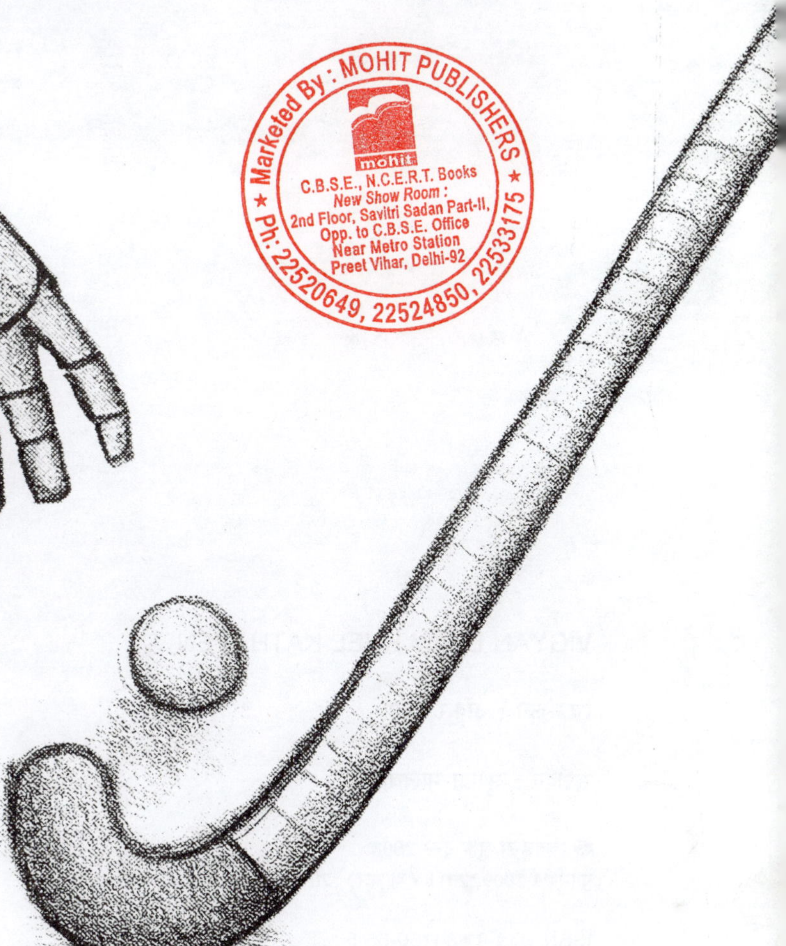

CHILDREN'S BOOK TRUST NEW DELHI

चिल्ड्रन्स बुक ट्रस्ट, नई दिल्ली

प्रस्तुत संग्रह में चिल्ड्रन्स बुक ट्रस्ट द्वारा आयोजित बाल-साहित्य लेखन प्रतियोगिता के विज्ञान एवं खेल कथा वर्गों में पुरस्कृत कहानियां शामिल की गई हैं।

VIGYAN EVAM KHEL KATHAYEN

चित्रांकन : अंकुर मित्रा

संपादन : सुभद्रा मालवी

पुनर्मुद्रण 2009, 2011 (दो बार), 2012.

ISBN 978-81-89750-56-5

चिल्ड्रन्स बुक ट्रस्ट, नेहरू हाउस, 4 बहादुरशाह ज़फर मार्ग, नई दिल्ली-110002 द्वारा प्रकाशित एवं न्यास के इंद्रप्रस्थ प्रेस में मुद्रित। दूरभाष : 23316970-74 फैक्स : 23721090 ई-मेल : cbtnd@cbtnd.com
वेबसाइट : www.childrensbooktrust.com

कथाक्रम

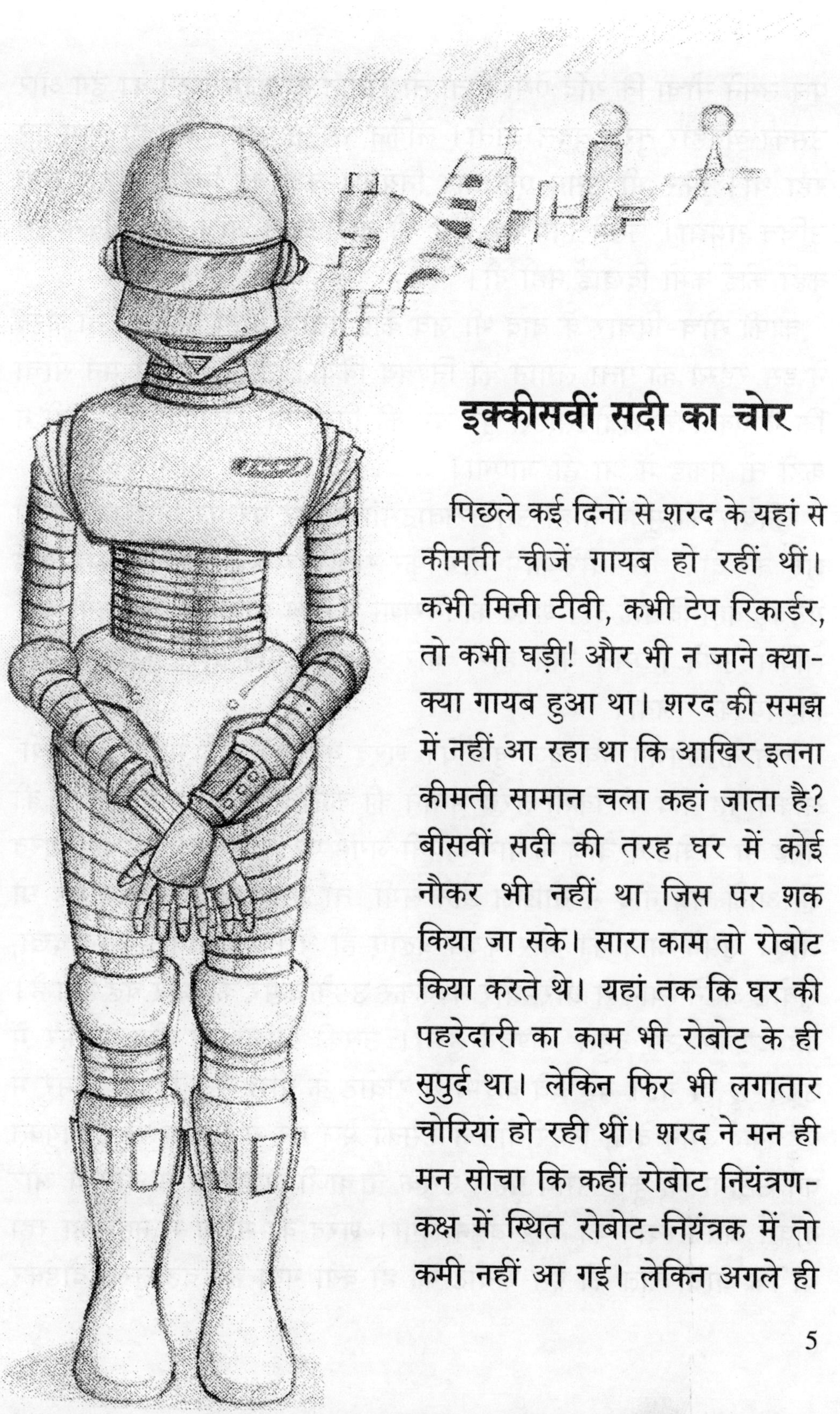

इक्कीसवीं सदी का चोर

पिछले कई दिनों से शरद के यहां से कीमती चीजें गायब हो रहीं थीं। कभी मिनी टीवी, कभी टेप रिकार्डर, तो कभी घड़ी! और भी न जाने क्या-क्या गायब हुआ था। शरद की समझ में नहीं आ रहा था कि आखिर इतना कीमती सामान चला कहां जाता है? बीसवीं सदी की तरह घर में कोई नौकर भी नहीं था जिस पर शक किया जा सके। सारा काम तो रोबोट किया करते थे। यहां तक कि घर की पहरेदारी का काम भी रोबोट के ही सुपुर्द था। लेकिन फिर भी लगातार चोरियां हो रही थीं। शरद ने मन ही मन सोचा कि कहीं रोबोट नियंत्रण-कक्ष में स्थित रोबोट-नियंत्रक में तो कमी नहीं आ गई। लेकिन अगले ही

पल उसने सोचा कि यदि ऐसा होता तो रोबोट का काम करने का ढंग और उसका व्यवहार तुरंत बदल जाता। लेकिन वह तो पहले जैसा ही काम कर रहा था। फिर भी उसने एक बार नियंत्रण-कक्ष का निरीक्षण कर लेना उचित समझा। उसने नियंत्रण-कक्ष की बारीकी से जांच की, लेकिन उसे कहीं कोई कमी दिखाई नहीं दी।

काफी सोच-विचार के बाद भी जब कोई नतीजा नहीं निकला, तो शरद ने इस रहस्य का पता लगाने का निश्चय किया। उसने मन ही मन सोचा कि मैं एक दिन रोबोटसहित पूरे घर की निगरानी करूंगा। चोर कहीं न कहीं तो पकड़ में आ ही जाएगा।

रविवार की सुबह से ही उसने रोबोटसहित सारे घर पर निगरानी करनी शुरू कर दी। धीरे-धीरे शाम और फिर रात घिर आई। लेकिन कहीं कोई गड़बड़ नहीं दिखाई दी। शरद को निराशा के साथ खीज भी होने लगी थी। लेकिन उसने हिम्मत नहीं हारी और रातभर चौकीदारी करने का दृढ़ निश्चय कर लिया।

रात के लगभग एक बज चुके थे। शरद को अब नींद सताने लगी थी, लेकिन वह नींद को किसी तरह भगाने की कोशिश कर रहा था। रोज की तरह ही रोबोट दरवाजे के पास अपनी जगह पर चुपचाप खड़ा था। शरद की आंखें जब नींद से बोझिल होने लगीं, तो उसने सोचा जाकर मुंह धो आए। उसने आगे की ओर कदम बढ़ाए ही थे कि अचानक उसने देखा, रोबोट अपने स्थान से धीरे-धीरे सरककर उसके कमरे की ओर बढ़ रहा है। यह देखकर उसे बहुत आश्चर्य हुआ। उसकी आंखों की नींद पलभर में उड़न-छू हो गई। वह दबे कदमों से रोबोट के पीछे चल दिया। कमरे में पहुंचकर उसने देखा कि रोबोट ने उसकी मेज पर से उसका वो टीवीयुक्त पेन उठाया जो कुछ समय पहले उसके चाचाजी अमेरिका से लाए थे और वापस अपने स्थान की ओर बढ़ने लगा। शरद की समझ में नहीं आ रहा था कि आधी रात को इस रोबोट को हो क्या गया है? वह तुरंत दौड़कर

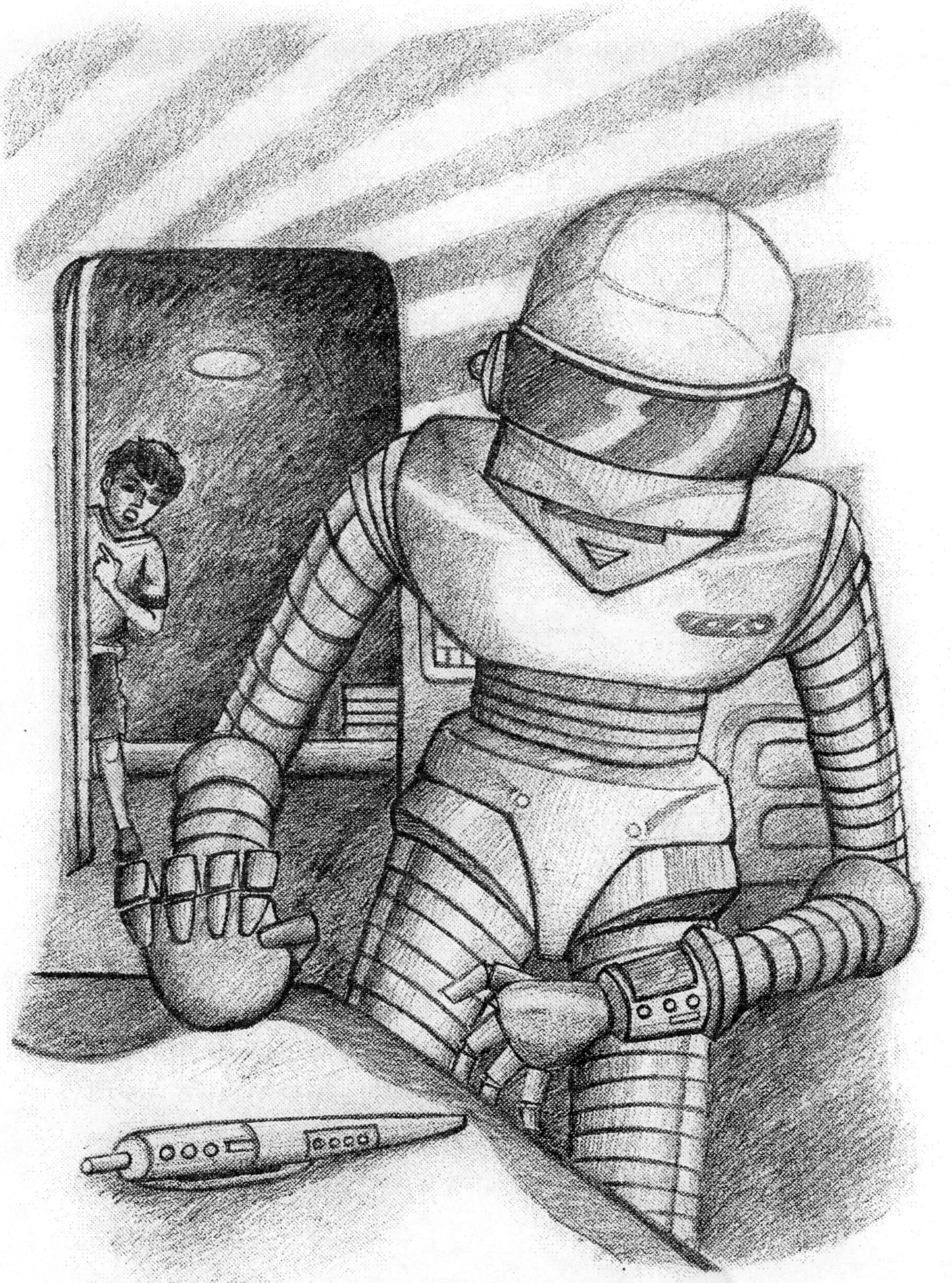

नियंत्रण-कक्ष में पहुंचा और रोबोट को वापस अपने पास बुलानेवाला बटन दबाया। लेकिन इस बटन का रोबोट पर कोई असर नहीं हुआ। रोबोट-नियंत्रक के फेल हो जाने से शरद परेशान हो उठा। वह वापस रोबोट के खड़े रहने की जगह की ओर दौड़ा। उसे अपनी जगह पर न पाकर शरद को बड़ी हैरानी हुई। उसने रोबोट को इधर-उधर खोजना शुरू किया। अचानक उसकी नजर बाहर वाले दरवाजे की ओर गई। दरवाजा खुला पड़ा था। उसने दरवाजे से बाहर निकलकर गली में इधर-उधर झांका तो देखा कि रोबोट धीरे-धीरे पड़ोसवाले उमाशंकर के घर की ओर जा रहा है। रोबोट की इस अजीबोगरीब कारस्तानी से शरद का दिमाग भन्नाने लगा था। उसकी समझ में नहीं आ रहा था कि यह उमाशंकर के यहां क्या करने जा रहा है? उमाशंकर रोबोट-नियंत्रक ठीक करने का काम करते थे।

जब रोबोट उमाशंकर के घर में घुस गया तो शरद ने दरवाजे के पास जाकर अंदर झांका। अंदर का दृश्य देखकर उसे अपनी आंखों पर विश्वास नहीं हुआ। रोबोट उमाशंकर के नियंत्रण-कक्ष में गया और उसने शरद का पेन वहीं मेज पर रख दिया। फिर वह वापस शरद के घर की ओर चल दिया और घर आकर फिर से अपने नियत स्थान पर पहुंच गया। शरद भी वापस लौट आया। उसे यह तो पता लग गया था कि उसकी चीजों को चुरानेवाला कोई और नहीं, बल्कि उसका अपना ही रोबोट है और उससे यह काम करवाने में उमाशंकर का हाथ है। लेकिन उसकी समझ में यह नहीं आ रहा था कि उसका रोबोट उमाशंकर के नियंत्रण-कक्ष से कैसे जुड़ गया?

जब शरद की समझ में कुछ भी नहीं आया तो उसने पिताजी को जगाकर सारी बात बताई। लेकिन उन्हें उसकी बात पर यकीन ही नहीं हुआ। उन्होंने स्वयं नियंत्रण-कक्ष में जाकर वही बटन दबाया जो शरद ने दबाया था। बटन बिलकुल ठीक काम कर रहा था। यह देखकर पिताजी को शरद पर बहुत गुस्सा आया। वे बोले, "तुम्हारा दिमाग खराब हो गया है

क्या? देखो, यह बटन तो ठीक काम कर रहा है? लगता है तुम कोई सपना देख रहे थे।"

शरद को बेकार ही डांट खानी पड़ी। लेकिन उसने हिम्मत नहीं हारी। क्योंकि उसे पूरा विश्वास था कि इसमें उमाशंकरजी की कोई चाल है।

सुबह होते ही वह पुलिस स्टेशन जा पहुंचा। वहां उसके चाचा इंस्पेक्टर थे। इतनी सुबह शरद को देखकर वे बोले, "आज सुबह-सुबह ही कैसे आ गए, शरद? सब ठीक तो है न?"

"कुछ भी ठीक नहीं है, चाचाजी," कहकर उसने रात में घटी सारी घटना उन्हें विस्तार से कह सुनाई। शरद की बात सुनकर पहले तो उन्हें भी विश्वास नहीं हुआ, लेकिन फिर पता नहीं क्या सोचकर वे उसके साथ चल दिए। चलते समय उन्होंने हवलदार से कहा कि वह पुलिस के रोबोट-नियंत्रक मिस्त्री को भी साथ में ले ले।

जब शरद पुलिसवालों के साथ उमाशंकर के घर पहुंचा उस समय उमाशंकर अपने रोबोट नियंत्रण-कक्ष में कुछ काम कर रहे थे। अचानक पुलिस को देखकर वे हड़बड़ा उठे। इंस्पेक्टर साहब ने उनसे कहा, "हमें आपके नियंत्रण-कक्ष की जांच करनी है।"

"हां-हां, क्यों नहीं इंस्पेक्टर साहब, बड़े शौक से जांच कीजिए। लेकिन क्या मैं इस जांच का कारण जान सकता हूं?" उमाशंकर ने कनखियों से शरद की ओर देखते हुए कहा।

"यह तो जांच पूरी हो जाने के बाद ही पता चलेगा।" यह कहकर उन्होंने साथ आए पुलिस रोबोट-नियंत्रक मिस्त्री को नियंत्रण-कक्ष की जांच करने का आदेश दिया। मिस्त्री ने पूरे नियंत्रण-कक्ष की जांच की, लेकिन उसे कहीं कोई गड़बड़ी नजर नहीं आई। उसने इंस्पेक्टर से कहा, "सबकुछ ठीक है सर, कहीं कुछ भी गड़बड़ नहीं है।"

यह सुनकर उमाशंकर मुस्कराते हुए इंस्पेक्टर से बोले, "क्या अब आप बताएंगे कि यह जांच आखिर क्यों की गई?"

अभी इंस्पेक्टर कुछ कहने ही वाले थे कि शरद की निगाह कोने में लगे एक लाल बटन पर पड़ी। उसे पता नहीं क्या सूझा, उसने वह बटन दबा दिया। बटन दबते ही दूसरे कोने में लगे लाल रंग के दो बल्ब जलने-बुझने लगे। अभी इसके बारे कोई कुछ समझ पाता कि शरद का रोबोट उसका इलेक्ट्रानिक कैल्कुलेटर लेकर वहां आ पहुंचा। यह देखकर जहां इंस्पेक्टरसहित सबको बड़ी हैरानी हुई, वहीं उमाशंकर के चेहरे पर हवाइयां उड़ने लगीं।

"अब तो आप समझ ही गए होंगे कि आपके नियंत्रण-कक्ष की जांच क्यों की गई?" इंस्पेक्टर ने उमाशंकर की ओर घूरते हुए कहा, "क्या अब आप हम सबको यह बताने का कष्ट करेंगे कि इस बटन का शरद के रोबोट से क्या संबंध है?"

उमाशंकर का सारा भंडाफोड़ तो हो ही चुका था। इसलिए अब उनके पास सिवाय सच बताने के और कोई चारा नहीं था। उन्होंने सिर झुकाकर सारा भेद खोलना शुरू किया, "कुछ दिन पहले शरद के नियंत्रण-कक्ष में कुछ खराबी आ गई थी। जब मैं उसे ठीक करने गया तो मैंने वहां एक से बढ़कर एक कीमती और आकर्षक सामान देखे। उन्हें देखकर मेरा मन ललचा गया। मैं उन्हें पाने का रास्ता खोजने लगा। तभी मेरे दिमाग में एक उपाय आया। मैंने चुपचाप शरद के रोबोट-नियंत्रक की शक्ति को कम कर दिया। मुझे शरद के रोबोट की आवृत्ति पता थी। अपने घर वापस आकर मैंने शरद के रोबोट-नियंत्रक से अधिक शक्तिशाली, परंतु उसी की आवृत्ति का एक और नियंत्रक बनाया। जब मैंने इसे चलाया तो शरद के रोबोट-नियंत्रक ने शक्ति कम होने के कारण काम करना बंद कर दिया और उसका रोबोट मेरे इशारे पर काम करने लगा। फिर मैंने रोज रात को अपने उच्च शक्ति के नियंत्रक के द्वारा शरद के रोबोट को आदेश दे-देकर उसका कीमती सामान मंगवाना शुरू कर दिया। चूंकि मैं अपना यह उच्च शक्तिवाला नियंत्रक दिन में नहीं चलाता था इसलिए शरद का नियंत्रक दिन में ठीक कार्य करता था।"

उमाशंकर की बातें सुनकर सभी को बहुत आश्चर्य हुआ। इंस्पेक्टर ने शरद की बुद्धिमत्ता की प्रशंसा करते हुए, आगे बढ़कर इलेक्ट्रानिक रोबोट से चोरी करवाने के आरोप में उमाशंकर के हाथों में हथकड़ियां पहना दीं और जीप में बिठाकर थाने की ओर रवाना हो गए। लेकिन शरद मन ही मन यही सोच रहा था कि बीसवीं सदी में तो आदमी ही चोरी करता था। इस इक्कीसवीं सदी में तो उसने रोबोट को भी चोरी करना सिखा दिया।

सलामी बल्लेबाज

कांव-कांव-कांव!

उफ्! यह कौआ भी...आनंद अब क्या करता? उठना ही पड़ा। यह कौआ तबसे सिर घुमा-घुमाकर कांव-कांव किए जा रहा है, बदमाश कहीं का। उसकी तो बिस्तर छोड़कर उठने की इच्छा ही नहीं हो रही थी। इधर दो महीने से भागदौड़ जो रही—कभी टेस्ट मैच, तो कभी वन डे, ऊपर से वर्ल्ड कप। इस सप्ताह लार्ड्स के मैदान में खेलना है, तो अगले सप्ताह शारजाह या हरारे में। अपना घर तो जैसे बेगाना हो गया है। वापस आने के बाद भी, आज फिरोजशाह कोटला में, कल वानखेड़े स्टेडियम में तो परसों कोलकाता के फोर्ट विलियम के मैदान में। आज उसे कौन नहीं

जानता? उसका नाम हर क्रिकेट प्रेमी की जबान पर है–आनंद ओनगांवकर। तभी तो दर्शक और दोस्त भी उसे 'आ ओ' कहकर बुलाते हैं।

फिर कांव-कांव! जरा देखो तो सही, कैसे दाएं-बाएं सिर घुमा-घुमाकर देख रहा है। जैसे किसी वन डे में इसने शतक पूरा किया है। आनंद को हँसी आ गई।

आनंद की बिस्तर से उठने की इच्छा ही नहीं हो रही थी। चादर से सिर निकालकर उसने खिड़की से देखा–उफ् दिन तो बहुत चढ़ चुका है। कलाई में बंधी सोने की घड़ी में उसने समय देखा। अरे बाप रे! नौ बज गए! किसी ने अभी तक उठाया भी नहीं। आखिरी वन डे मैच में 'मैन आफ द मैच' बनने पर एक घड़ी कंपनी ने उसे यह बेशकीमती सोने की घड़ी दी थी। आनंद को हँसी आ गई। सचमुच! समय कितना मूल्यवान है!

यह तो अच्छा ही हुआ कि आखिरी मैच मुंबई में ही था, वरना इतनी जल्दी घर पहुंचता कैसे? आनंद ने तनिक भी देर नहीं की थी। मैदान से पैविलियन, और फिर ड्रेसिंग रूम से घर। क्रिकेट कंट्रोल बोर्ड की गाड़ी ही छोड़ने आई थी। अनायास उसे याद आ जाते हैं वो दिन, जब प्रैक्टिस के लिए हर रोज उसे लोकल ट्रेन से आना-जाना पड़ता था। तब उसे कौन जानता था? आनंद ओनगांवकर को कौन बुलाता था, 'आ ओ'? बल्कि सभी धकेलकर कहते–'जा ओ'।

एक बार चर्च गेट पर ट्रेन से उतरते समय किसी का पैर दब गया था तो उसने तुरंत मुड़कर उसे डांटा था, "नाक के दोनों ओर ये क्या हैं? आंखें हैं कि आलू? दिखता नहीं?"

यह तो भैया थे जो उसे हर तरह से सहारा देते रहे। हाथ पकड़कर कहां से कहां पहुंचा दिया। हमेशा पूछते रहते, "प्रैक्टिस ठीक चल रही है? इस बार रणजी में सेंचुरी बनानी है, समझा?" अगर जूते फट जाते तो डांटते, "यह क्या? न ढाल, न तलवार, मदारी बना सरदार। मुझसे कह नहीं सकता?"

आनंद को मालूम था कि भैया किस तरह एक-एक पैसा जोड़ घर का खर्चा चलाते थे। भतीजे के स्कूल बैग के लिए जब भाभी ने कहा था तो उन्होंने टाल दिया था, "अगले महीने हो जाएगा।"

वही भैया आनंद के लिए...

वरना पिताजी की हैसियत ही क्या थी? एक सरकारी नौकरी का भरोसा था, बस। दो भाई, तीन बहनें और बूढ़ी दादी—तीन कमरों के पैतृक मकान में इतने लोग रहते थे। पिताजी क्रिकेट कभी खेलने देते? वे तो इसके नाम से ही चिढ़ जाते थे, "गली के उचक्कों के साथ उठना-बैठना और खेलना। अरे, दो अक्षर पढ़ लेगा तो फिर कुछ कमा-खा भी सकेगा।"

रसोई और गृहस्थी की चक्की में पिसते-पिसते मां का मिजाज भी हर समय तेज ही रहता था। चाहती तो थी कि लड़का खेलने जाता है तो और कुछ नहीं तो कम से कम एक प्याली दूध के लिए तो पूछ ही ले, लेकिन उसका मौका ही न आता था। घर के इतने लोगों की चाय बनाने के बाद दूध बचे तब न। भैया ही कभी-कभी शाम को ले जाकर नुक्कड़ के मिठाईवाले की दुकान से गरमागरम दूध और जलेबी खरीद देते—"ले, खा ले, वरना खेलेगा कैसे?"

वैसे तो आनंद बराबर ही कामचोर और आलसी था। मौका मिले तो चौबीस घंटे में अड़तालीस घंटे सोया रहे। परंतु बचपन से ही, बल्ला हाथ में आते ही पता नहीं कैसे चुस्त और फुर्तीला बन जाता था। तभी तो कभी-कभी बेईमानी पर भी उतर आता था। अपनी बैटिंग ले ली और भागा मैदान छोड़कर। संगी-साथी चिल्लाने लगते, "अच्छा नहीं होगा आनंद, फील्डिंग करके जा।"

"बेईमान कहीं का। अपनी बैटिंग ली और हमारी बारी आई तो तुरंत ही फुर्र...।"

पकड़े जाने पर आनंद पेट पर हाथ रखकर कहता, "बाथरूम जाना है, छोड़, हाथ छोड़।"

लड़के भी उसकी बदमाशी समझते थे। लेकिन करते क्या बेचारे? इधर मौका पाते ही आनंद फुर्र हो जाता था। पैरों में जैसे पंख लग जाते। फील्डिंग करते समय भले ही दो कदम दौड़ने में भी नानी याद आती हो, परंतु भागते समय सभी 'उड़न सिख' मिल्खा सिंह बन जाते।

उन दिनों अगर आनंद इतनी देर तक सोता रहता तो मां क्या चुप रहती? "अरे बदमाश! और कितना सोएगा? उठ, हाथ-मुंह धो ले, पढ़ना नहीं है क्या? हे भगवान! किताबों से तो जैसे इसकी कोई दुश्मनी है," कहते-कहते कान खींचकर उसे उठाकर ही मां दम लेती।

"आनंद, उठ बेटा! और कितना सोएगा? भाभी कबसे तुझे बुला रही है।" मां आज भी उसे उठा रही है, परंतु आवाज में कितना स्नेह है। वह इसलिए कि आनंद आज अपने जीवन में प्रतिष्ठित है, सफल है। भारत का सलामी बल्लेबाज 'आ ओ' है।

आनंद जल्दी से उठ बैठा। "ओफ्फो, नौ बज गए, जगाया क्यों नहीं?"

"लो, और सुनो। अरे, तेरी भाभी तीन-तीन बार चाय लाई है। तीनों बार चाय फेंकनी पड़ी है।"

चाय फेंकनी पड़ी है। सबकुछ कैसा बदल गया है। एक जमाने में तो वही गरम की हुई कड़वी चाय गले से नीचे उतारनी पड़ती थी। चाय पीते-पीते उसकी नजर कमरे के इर्द-गिर्द घूमने लगी। सामने की दीवार पर गणपतिजी की तस्वीर। इधर-उधर सामान अस्त-व्यस्त पड़ा है। उसने सोचा, 'भैया से बात करके मकान को नए सिरे से सजाने-संवारने की जरूरत है। बिस्तर के पास एक कोने में बूढ़ा ट्रांजिस्टर रखा है। कलर टीवी कहां है? शायद दादी के कमरे में। सामने की खिड़की से गली दिख रही है, वही कालीजी का मंदिर। यहीं पर तो उसके खिलाड़ी जीवन की नींव रखी गई।' अचानक वह चौंक उठा! अतीत से किसी ने आवाज दी...

"हाउज दैट!"

झुनके की आवाज। उसके हाथ में आने के बाद तो गेंद तीर की तरह शिकार की ओर झपटती थी। क्या इनस्विंग करता था। कहां है आजकल?

"कैसा आउट? मैं तो स्टंप से बाहर खड़ा था।"

"तू एल.बी.डब्ल्यू. हो गया है।"

"हर्गिज नहीं।"

छोटे आनंद की तिकड़म पर आज उसे हँसी आने लगी।

"तूने पैर हटा लिया है।"

"नहीं हटाया।"

"चल, कालीजी के मंदिर में चलकर कसम खा कि तूने पैर नहीं हटाया।" झुनके भी कहां मैदान छोड़नेवाला था?

आज ख्याति के शीर्ष पर बैठे आनंद को मन ही मन यह स्वीकार करने में तनिक भी झिझक नहीं हुई कि सदाशिव झुनके उससे भी बेहतर क्रिकेटर था। जैसी बैटिंग, वैसी ही बोलिंग।

यह तो भैया थे जो आनंद यहां तक पहुंच पाया। उन्हें मुंबई स्टेडियम में नौकरी मिल गई। नौकरी मिली उन्हें, किस्मत खुल गई आनंद की। आनंद पढ़ने में कुछ खास अच्छा न था। भैया की बदौलत स्पोर्ट्स कोटे में एडमिशन हो गया उसका। स्पोर्ट्स होस्टल में जगह भी मिल गई। सिलेक्शन के दिन उसका खेल देखकर कोच ने भैया से कहा था, "ओनगांवकर, तुमने मुझे कच्चा लोहा लाकर दिया है, देखो कैसा फौलाद बनाते हैं।"

बस, यहीं से शुरुआत हुई। फिर तो कभी उसे सोचने का भी अवसर नहीं मिला। पहले अंतरविश्वविद्यालय मैच, फिर रणजी ट्राफी। फिर इंग्लैंड के खिलाफ उसके टेस्ट जीवन की शुरुआत हुई इसी स्टेडियम में। एक शतक बनाने और एक विकेट लेने पर उसे 'मैन आफ द मैच' घोषित किया गया। पुरस्कार लेते समय जब जनता हर्षातिरेक से अरब सागर की तरह गरज रही थी—आनंद के हाथ कांप रहे थे। उसकी आंखों में आंसू उमड़ आए थे। उसकी आंखें तलाश रही थीं भैया को...भैया कहां हैं?

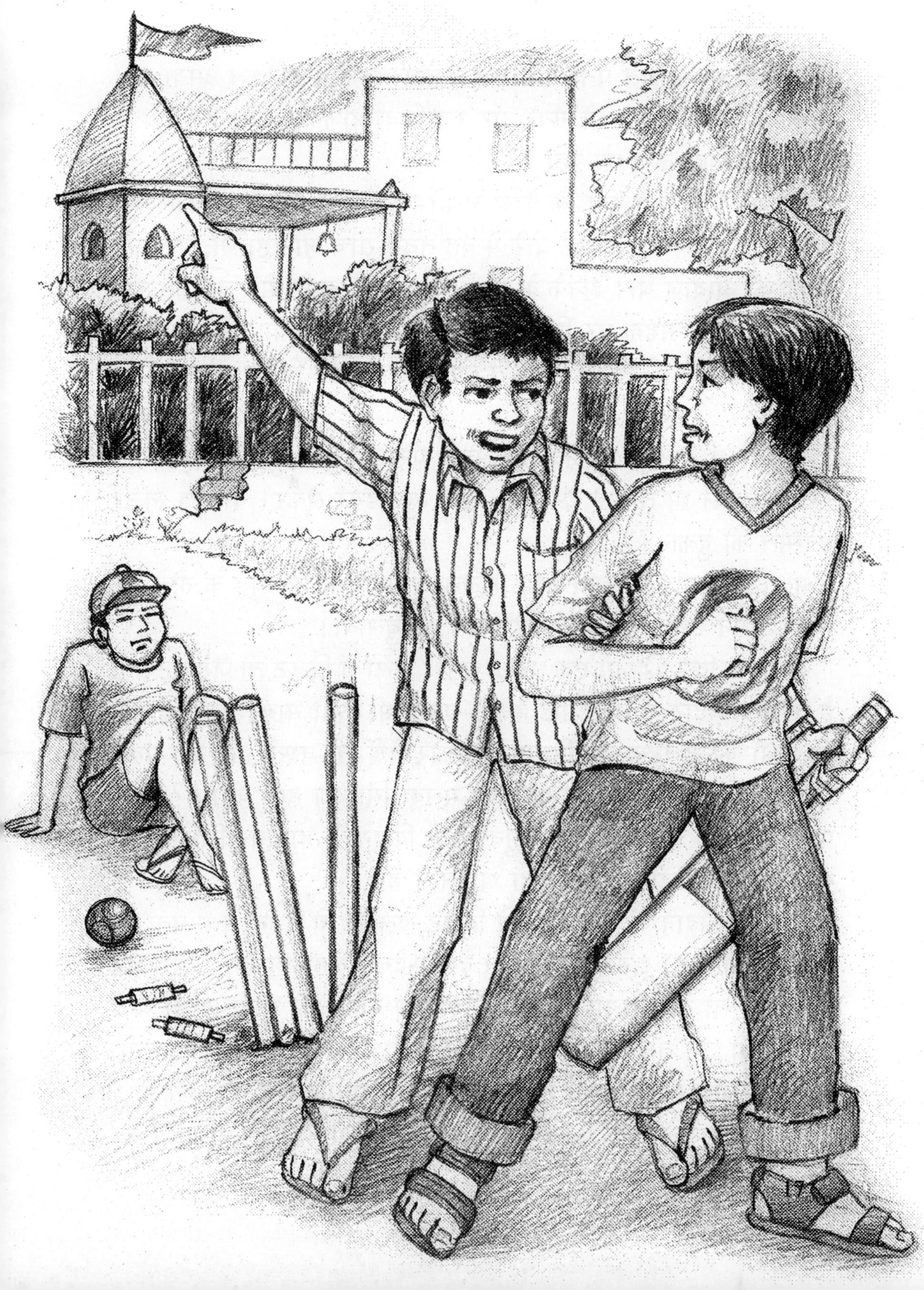

यही सोचते-सोचते पता नहीं कब आनंद सड़क पर निकल आया था। उसका सपना तो पूरा हो गया, पर सदाशिव आजकल कहां है?

"अरे आनंद! कहां जा रहा है?"

उसे ध्यान ही नहीं रहा कि पैदल चलते-चलते कब वह अपने कालेज के पास पहुंच गया था। जिसके बारे में वह तबसे सोचे जा रहा था, यह उसी झुनके की आवाज थी। झुनके के हाथों में कालिख लगी थी। वह हँस रहा था, "इस तरह सड़क पर निकल आएगा तो पब्लिक क्या तुझे छोड़ेगी?"

"अरे जाने दे पब्लिक को, बता तू क्या कर रहा है? क्रिकेट खेलता है कि सबकुछ...?"

"स्वाहा हो गया।" झुनके के ओठों पर दुखभरी मुस्कान तैर गई। "दिनभर खेल ही तो रहे हैं—प्लक, और स्क्रूड्राइवर लेकर। वो देख स्कूटर मरम्मत की दुकान।"

सदाशिव आनंद का हाथ थाम कालेज के मैदान में एक पेड़ के नीचे बैठ गया। उसने इशारे से एक भेलपूरीवाले को बुलाया।

आनंद के दिल को जैसे एक धक्का लगा। खेलों में क्रिकेट तो जैसे पटरानी है, खेल के मैदान में तो कमाई है ही—बाहर भी कभी साबुन का विज्ञापन, तो कभी कोल्ड ड्रिंक का विज्ञापन। उधर देखें तो कुश्ती में स्वर्ण पदक विजेता और अर्जुन पुरस्कार पानेवाले मलवा सिंह का हाल क्या है? सड़क पर चाट बेचते हैं बेचारे। और झुनके जैसे कितने ही होनहार खिलाड़ी भी गुमनामी के अंधेरों में जाने कहां खो जाते हैं।

सामने के मैदान में स्कूल के बच्चे क्रिकेट खेल रहे थे। उन्हें क्या पता कि यहां कौन बैठा है। झुनके उनकी ओर देखते-देखते कह रहा था, "हमारे घर की हालत तो तुझे मालूम ही थी। तीन-तीन बहनों की शादी करनी थी। बाबूजी की उस तनख्वाह से तो घर का खर्च भी पूरा न होता था। बस, साल-दो-साल एक वर्कशाप में काम सीखकर अपनी दुकान खोल ली है।"

आनंद को जैसे कुछ सुनाई ही नहीं दे रहा था। उसे महाभारत का

एकलव्य याद आ गया जो धनुर्धर तो न बन सका, परंतु अपना अंगूठा जरूर गंवा बैठा।

उसके हाथ से खून रिस रहा है आज भी...।

"वैसे मैं भी बुरा नहीं हूं आनंद, मजे से दिन कट जाते है। तू ही हम लोगों का गर्व है, हम सब सीना तानकर कहते हैं, "आ ओ हमारा दोस्त है।"

"नहीं, अगर तुझे मौका मिलता तो तू मुझसे भी कहीं बेहतर क्रिकेटर बन सकता था...।"

झुनके ने उसके मुंह पर अपना हाथ रख दिया। "तू ऐसा सोचता है, यह मेरे लिए दुनिया के किसी भी मेडल से बढ़कर है।"

"फोऽरऽर!"

तभी बच्चे चिल्लाए और उनकी गेंद इनके पास आ गिरी। कीचड़ से सनी हुई काली-सी गेंद, आनंद भी एक दिन ऐसी ही गेंद से खेला करता था।

दो लड़के गेंद उठाने आए। आनंद को देखकर वे चकित रह गए।

झुनके ने बचाने की कोशिश की, "अरे, जा...जा, जा अपनी गेंद लेकर भाग।"

तब तक वे दोनों जोर से चिल्लाने लगे थे, "अरे, देख-देख! यहां आनंद ओनगांवकर बैठा है!"

सभी बच्चे इधर दौड़े, वे चिल्ला रहे थे, "आ ओ... आ ओ।"

आनंद को लगा, आज एक बार फिर दिल खोलकर इन बच्चों के साथ खेल ले। न जाने कितने झुनके इस तरह बदकिस्मती के अंधकार में खो जाते होंगे। आखिर क्यों? उसकी आंखें भर आईं। उस गंदी गेंद को उठाकर वह बच्चों की तरफ जाने लगा।

"आनंद, तू पागल हो गया है? यह क्या कर रहा है?" झुनके सकते में आ गया।

"झुनके, आज मुझे मत रोक, जाने दे।" आनंद पीछे मुड़कर अपने दोस्त

से बोला, “मैं अपनी पूजा के लिए फूल चुन रहा हूं। यही तो हैं मेरे फूल।” फिर उन बच्चों से कहा, “चलो, किसकी बैटिंग है? मैं बोलिंग करता हूं।”

कीचड़ लगी हुई उस काली और गंदी गेंद को हाथ में लेकर भारत-गौरव आनंद ओनगांवकर खेल की जगह की ओर दौड़ पड़ा।

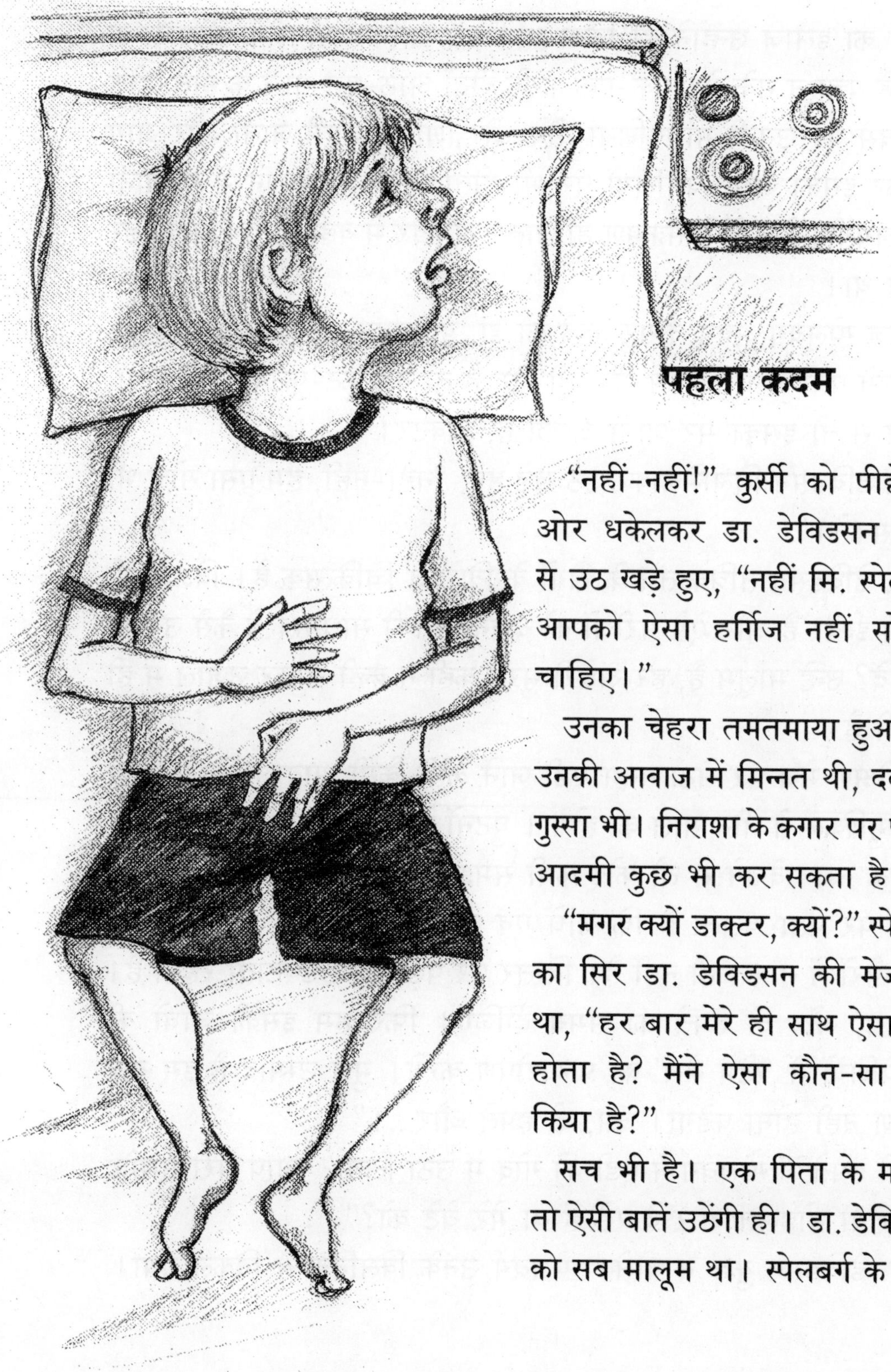

पहला कदम

"नहीं-नहीं!" कुर्सी को पीछे की ओर धकेलकर डा. डेविडसन झटके से उठ खड़े हुए, "नहीं मि. स्पेलबर्ग, आपको ऐसा हर्गिज नहीं सोचना चाहिए।"

उनका चेहरा तमतमाया हुआ था, उनकी आवाज में मिन्नत थी, दर्द था, गुस्सा भी। निराशा के कगार पर पहुंचा आदमी कुछ भी कर सकता है।

"मगर क्यों डाक्टर, क्यों?" स्पेलबर्ग का सिर डा. डेविडसन की मेज पर था, "हर बार मेरे ही साथ ऐसा क्यों होता है? मैंने ऐसा कौन-सा पाप किया है?"

सच भी है। एक पिता के मन में तो ऐसी बातें उठेंगी ही। डा. डेविडसन को सब मालूम था। स्पेलबर्ग के दोनों

बच्चों का इलाज उन्होंने ही किया था। इस भयंकर जानलेवा बीमारी से वे उन्हें बचा न सके थे। एक-एक करके दोनों आठ-दस साल के होते-होते चल बसे थे। उनकी मांसपेशियां धीरे-धीरे शिथिल होती जातीं और आगे चलकर इसका असर पसलियों पर भी होता। उन्हें सांस लेने में परेशानी होने लगती। फेफड़ों में संक्रमण हो जाता, आखिर में वही होता जिसका डर रहता था।

आज स्पेलबर्ग अपने तीसरे बच्चे को डा. डेविडसन को दिखाने लाया था, जब उसे पता चला कि इसे भी वही रोग है तो वह फूट-फूटकर रोने लगा, "जीने से तो इसका मर जाना अच्छा है, डाक्टर।"

डा. डेविडसन तिलमिलाकर उठ खड़े हुए, "नहीं-नहीं, हम ऐसा सोच भी नहीं सकते।"

डा. डेविडसन तंत्रिकातंत्र के रोगों के विशेषज्ञ चिकित्सक हैं। विज्ञान ही उनका ईश्वर है और ऐसे मरीजों को देखना उनकी साधना। वे कैसे उम्मीद छोड़ दें? उन्हें मालूम है, हर अंधेरी सुरंग कहीं न कहीं जाकर उजाले में ही खुलती है।

परीक्षण मेज पर लेटा नन्हा एडी जाने कैसी-कैसी आवाजें निकाल रहा था। मुश्किल से तीन साल का होगा। घुटनों के बल भी नहीं चल सकता। यों एक नजर देखने से तो कोई कमी समझ में नहीं आती। परंतु गौर से देखने पर पता चलता है कि जांघें एवं बाजू कितने पतले हैं। बेचारे के हाथ-पैरों में ताकत ही नहीं है। बिस्तर पर पड़े-पड़े छटपटाता रहता है।

"बस, और दो हफ्ते का समय दीजिए। फिर हम इसकी जांघों की मांसपेशियों में 'स्टेम सेल' का प्रत्यारोपण करेंगे। मुझे उम्मीद है इस बार निराश नहीं होना पड़ेगा। बस, दो हफ्ते और...।"

"दो हफ्ते?" स्पेलबर्ग ने एडी को गोद में उठा लिया, "आप मेरी उम्मीद को इतनी मोहलत और दे रहे हैं या मेरे बेटे को?"

डा. डेविडसन कुछ न बोले। स्पेलबर्ग उनके क्लिनिक से निकल गया।

'स्टेम सेल'! कितनी अदभुत शक्ति है भ्रूण की इन कोशिकाओं में! वैसे तो वनस्पति शास्त्र में 'स्टेम' का मतलब है तना। परंतु मनुष्य का भ्रूण जब बस दो-एक दिन का होता है तो उसे अगर सही सांचे में ढाला जाए तो वह शरीर के किसी भी अंग का निर्माण कर सकता है। चिकित्सा-विज्ञान में भ्रूण की इन्हीं कोशिकाओं को 'स्टेम सेल' कहते हैं।

डा. डेविडसन की आंखों के सामने कई साल पुरानी एक तस्वीर उभरने लगी...

उनकी बेटी जेनी स्कूल जाने के पहले जिद कर रही थी, "नहीं मम्मी, मैं रोज-रोज नाश्ते में उबले अंडे नहीं लूंगी।"

जोनाथन समझा रही थी, "आज अंडे उबाल लिए हैं, आज तो खा ले।"

"नहीं।" जेनी पैर पटकने लगी।

अस्पताल के लिए देर हो रही थी। जेनी को स्कूल छोड़कर उन्हें मेडिकल कालेज भी जाना था। डा. डेविडसन ने बेसब्री से पूछा, "बात क्या है?"

जोनाथन मुस्करा दी, "वही रोज का नाटक। अच्छा बेबी, आमलेट खाएगी?"

"ओफ्फो! सुबह-सुबह तला हुआ सामान, तुम भी," उन्होंने टोका।

"नहीं, मैं आमलेट भी नहीं खाऊंगी।" जेनी अड़ियल टट्टू की तरह मुंह फेरकर खड़ी थी। अब जोनाथन भी झुंझला उठी, "तो क्या इसमें से चिकन निकाल दूं? उसे खाएगी?"

मां की बात सुनकर जेनी ताली बजाने लगी, "हां-हां, मजा आएगा।"

वैसे उस दिन तो जेनी को टोस्ट, जेली और उबले अंडे से ही संतोष करना पड़ा। परंतु रास्ते में वह पिता के साथ बकबक करती रही, "एक अंडे से क्या-क्या नहीं बन सकता? बाइल्ड, हाफ-बाइल्ड, आमलेट, पिज्जा, फिर केक...पुडिंग। ओह!"

तभी डा. डेविडसन के दिमाग में भी एक बात बिजली-सी कौंध गई, एक निषेचित अंडे से ही मनुष्य का पूरा शरीर बनता है। कोशिकाओं का एक

समूह जो एक ही प्रकार का कार्य करता हो–उसे ऊतक कहते हैं। उसी अंडे से आंखें, मस्तिष्क आदि तंत्रिकातंत्र के अंग हों, या हृदय, फेफड़े, धमनियां हों, या फिर अस्थियां, मांसपेशियां आदि–सभी तरह के ऊतक उसी से पनपते हैं।

मेडिकल कालेज की प्रयोगशाला में भी उनके दिमाग में यही उधेड़बुन चलती रही। क्रमशः विभाजन होते जाने से एक निषेचित अंडा, शरीफे जैसा दिखने लग जाता है। आगे इसी से आहार नली, रीढ़ की हड्डी आदि बनते हैं। अर्थात एककोशीय भ्रूण के स्टेम सेल में किसी भी अंग को बनाने की सुप्त क्षमता है।

कैंटीन में काली काफी के साथ सैंडविच खाते-खाते अपने दोस्त पैथोलाजिस्ट डा. बायड से वे इसी बात की चर्चा कर रहे थे। पैथोलाजिस्ट बीमारियों के कारण अंगों में हुई विकृतिओं का अध्ययन करते हैं, जैसे टी.बी. से फेफड़े में कैसे-कैसे घाव बनते है आदि-आदि। रक्त, मल-मूत्र की जांच करनेवाले डाक्टर पैथोलाजिस्ट ही हैं।

डा. बायड ने भी कहा, "भविष्य में यह संभव है कि जले हुए मरीज की त्वचा का प्रत्यारोपण हो। बस, उसकी कोशिका से न्यूक्लियस या नाभिक लेकर स्टेम सेल को निषेचित कर लिया जाए, फिर उसमें उन कारकों को मिलाया जाए जिससे उसमें त्वचारूपी ऊतक बनने की क्षमता हो।"

"बात तो पते की है। कम से कम सिद्धांततः इसकी संभावना नजर आ रही है। आगे-आगे देखिए होता है क्या।"

ये वर्षों पहले की बात है, अब तो जेनी भी पराई हो गई है। डा. डेविडसन दो बच्चों के नाना बन चुके हैं। उस समय मेडिसिन के प्रोफेसर डा. हैरिसन, सर्जरी के डा. लव, भैषजविज्ञानी डा. लारेंस इन सभी ने मिलकर एक अनुसंधान टीम बनाई थी, डा. बायड तो थे ही। अपने-अपने ढंग से सभी स्टेम सेल की संभावनाओं को विकसित कर रहे थे। पच्चीस सालों की तपस्या अब रंग लाने लगी है, तभी तो अभागे स्पेलबर्ग को डा. डेविडसन

ने डांटा था, "आप ही उम्मीद छोड़ देंगे तो हमारी सारी कोशिश ही बेकार चली जाएगी।"

वैसे स्पेलबर्ग निराश भी क्यों न हो? बच्चों में बाप-दादा के गुणों का आना ही तो आनुवंशिकता है। कोशिका के तेईस जोड़े गुणसूत्रों या क्रोमोसोमों का खेल। कुछ रोग भी आनुवंशिक होते हैं। उसने अपने दो बच्चों को तिल-तिलकर मरते देखा है। वह पागल नहीं हुआ यही बड़ी बात है।

देखते-देखते पंद्रह दिन भी बीत गए। इस बीच एडी के पैर से बायोप्सि द्वारा जरा-सा ऊतक निकालकर उसका घोल बनाया गया। फिर नाभिकों को अलग करके उनसे स्टेम सेल को निषेचित किया गया। डा. लारेंस ने अपनी प्रयोगशाला में उनमें सिर्फ मांसपेशी बनने की ही शक्ति डाली थी। आज एडी की दोनों जांघों में उसी का प्रत्यारोपण करना है।

आपरेशन थिएटर के बाहर स्पेलबर्ग अपनी पत्नी के साथ बैठा प्रार्थना कर रहा था, "हे यीशु, मेरी एकमात्र औलाद को अपने पैरों पर खड़े होने की शक्ति दो।"

"ओ मदर मेरी, इस अभिशाप से मेरी कोख को मुक्ति दिला दो।" एडी की मां बुदबुदा रही थी।

दोनों व्याकुल थे, एक प्याली काफी भी नहीं पी थी। घंटों बाद एडी को बाहर लाया गया। स्पेलबर्ग अपने नन्हे बेटे से लिपट जाना चाहता था। पर किसी ने उसे पास तक फटकने न दिया।

डा. डेविडसन और डा. लव आकर उससे मिले, "हमने तो पूरा प्रयास किया, अब देखना है कि एडी का शरीर इसे कहां तक स्वीकारता है।"

इसी वजह से तो कई बार वे असफल हो चुके हैं। आशा ही चिकित्सा विज्ञान के प्रगति रथ का पहिया है।

"डाक्टर, क्या मैं एक बार उससे मिल भी नहीं सकती?" मां ने कातर स्वर में पूछा।

"नहीं। आपसे उसे संक्रमण का खतरा है।"

"मां से बेटे को खतरा?" बेचारी स्तब्ध रह गई।

"ओफ्फो! आप समझती क्यों नहीं?"

स्पेलबर्ग ने उसे संभाला और बाहर ले गया। फिर से प्रतीक्षा, धैर्य और प्रार्थना। कई दिनों बाद वे उसे नजदीक से केवल देख भर सके। आज डा. डेविडसन उसे चलाकर देखेंगे कि पैरों में कितनी ताकत है। अगर सबकुछ ठीक रहा तो आगे व्यायाम के लिए भी प्रतिदिन जाना होगा।

एडी के बिस्तर के पास सभी खड़े थे। डा. लव पट्‌टी खोल चुके थे। धूप में झुलसे पत्ते जैसे थोड़ी-सी हवा के झोंके से चुरमुराकर टूट जाते हैं उसी तरह स्पेलबर्ग दंपत्ति की उत्कंठा चरम सीमा पर थी। उनकी यह अंतिम आशा अगर चकनाचूर हो जाएगी तो शायद वे जी भी न सकेंगे।

डा. लव का झुका हुआ शरीर तन गया। "आओ एडी...चले आओ...," वे चुटकी बजा रहे थे।

एडी उन्हें घूर रहा था। सभी दम साधे खड़े थे। सभी की आंखें एकटक उसे निहार रही थीं। अचानक एडी आहिस्ता से करवट लेकर हाथ और घुटने के बल उठा और धीरे-धीरे पलंग से उतरकर खड़ा हो गया। सभी के गले से अस्फुट स्वर में एक आवाज निकली और सबने गहरी सांस छोड़ी।

मां के आंसू निकल पड़े।

डा. डेविडसन उत्तेजना से कांप रहे थे..."खड़े होने की कोशिश करो, एडी, मेरे लाल...कदम बढ़ाओ...।" उन्होंने हाथ फैला दिए।

जिस तरह कन्हैया यशोदा मैया के हाथ से माखन लेने के लिए ठुमक-ठुमककर कदम रखते थे, उसी तरह तीन साल के एडी ने आज जिंदगी में पहला कदम उठाया, फिर दूसरा...और फिर डगमगाते कदमों से डेविडसन की ओर आने लगा।

डा. बायड, डा. लव, डा. लारेंस सभी चिल्ला उठे, "थ्री चीयर्स फार मास्टर एडी!"

मां वहीं फर्श पर घुटने मोड़कर आंखें बंदकर प्रार्थना कर रही थी।

आंखें खोलने से भी वह डर रही थी, पता नहीं क्या देखना पड़े।

"अरी ईश्वर की बंदी, आंखें तो खोलो!" स्पेलबर्ग खुशी से बोला। उसने डा. डेविडसन के हाथों को चूम लिया, "डाक्टर, मेरा एडी चल सकता है! वह अपाहिज नहीं है, वह चल सकता है!"

डा. डेविडसन कुछ कह न सके। उनकी आंखों में हर्ष की चमक थी, परंतु गला भर आया था—इस अभागे बाप के प्रति समवेदना से।

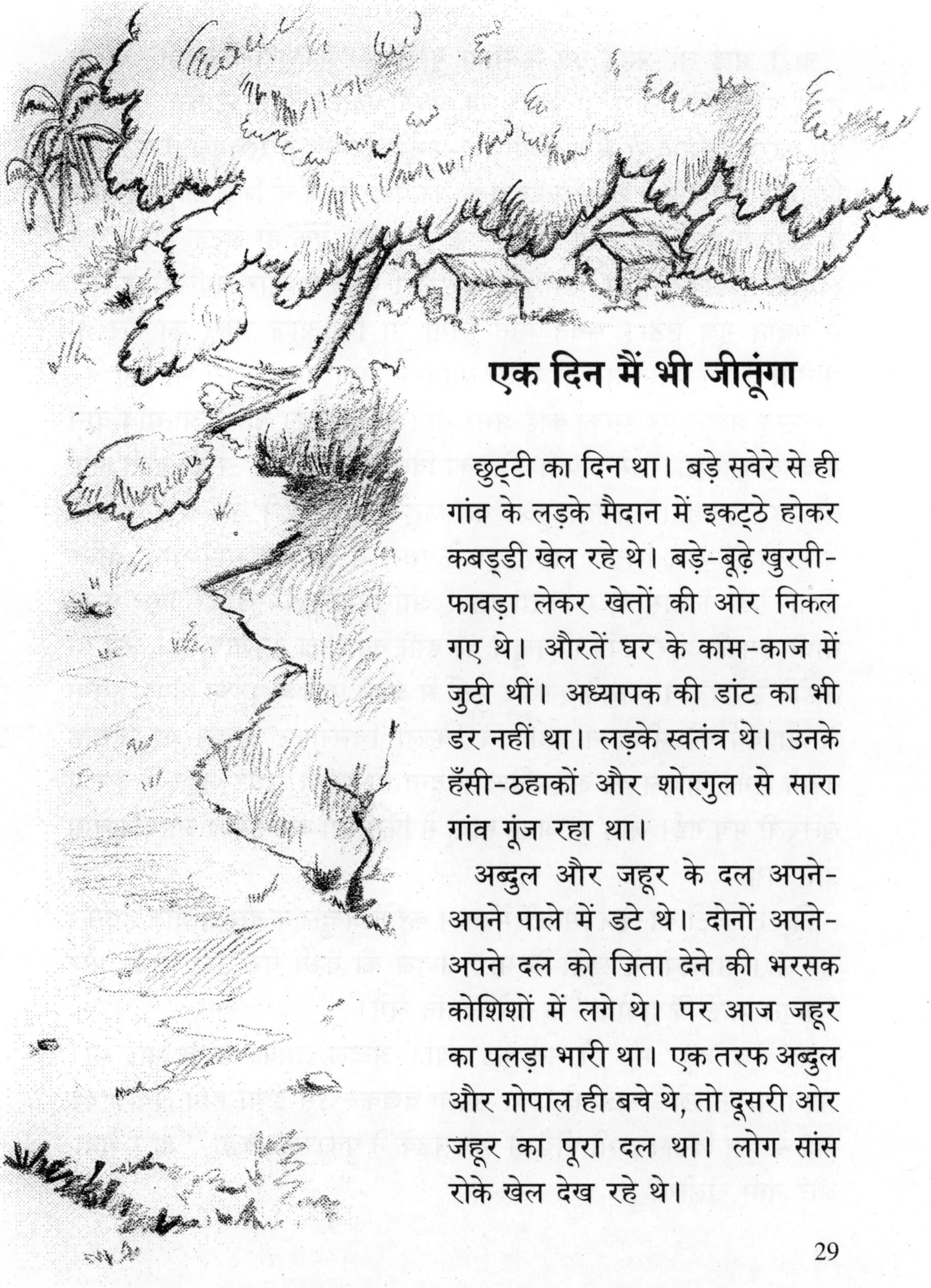

एक दिन मैं भी जीतूंगा

छुट्टी का दिन था। बड़े सवेरे से ही गांव के लड़के मैदान में इकट्ठे होकर कबड्डी खेल रहे थे। बड़े-बूढ़े खुरपी-फावड़ा लेकर खेतों की ओर निकल गए थे। औरतें घर के काम-काज में जुटी थीं। अध्यापक की डांट का भी डर नहीं था। लड़के स्वतंत्र थे। उनके हँसी-ठहाकों और शोरगुल से सारा गांव गूंज रहा था।

अब्दुल और जहूर के दल अपने-अपने पाले में डटे थे। दोनों अपने-अपने दल को जिता देने की भरसक कोशिशों में लगे थे। पर आज जहूर का पलड़ा भारी था। एक तरफ अब्दुल और गोपाल ही बचे थे, तो दूसरी ओर जहूर का पूरा दल था। लोग सांस रोके खेल देख रहे थे।

बारी आई तो जहूर गर्व से सीना फुलाकर "कबड्डी-कबड्डी" कहता हुआ अब्दुल के पाले में जा घुसा। वह अपनी जीत के प्रति आश्वस्त था और इस कारण उत्साह से भरा हुआ था। उसके उत्साह ने सचमुच कमाल कर दिखाया। गोपाल ने धैर्य खोकर जहूर को पकड़ने की कोशिश की, पर जहूर के कसरती शरीर के आगे उसकी एक न चली। एक ही झटके में जहूर ने स्वयं को छुड़ाकर सीमा-रेखा पार कर ली। सीटियों और तालियों के शोर से मैदान गूंज उठा। सबने मान लिया था कि आज जहूर का दल ही जीतेगा। इसी पूर्वानुमान के कारण बहुत-से लोग उठकर चल भी दिए थे।

परन्तु अब्दुल पर इसका कोई असर नहीं था। उसका चेहरा आत्मविश्वास से दमक रहा था। उसे अपनी जीत का विश्वास था। जब उसकी बारी आई तो "हुर्र कबड्डी" कहता हुआ वह जहूर के पाले में कूद पड़ा। उसने चालाकी से काम लिया। वह जहूर के पाले में दूर तक नहीं घुसा, बल्कि सीमा-रेखा के पास ही मंडराता रहा। आखिरकार धैर्य खोकर जहूर के दो साथी उसकी ओर लपके। अब्दुल को इसी वक्त का इंतजार था। जैसे ही उन्होंने उसे दबोचा, उसने एक पैर फुर्ती से अपने पाले में पहुंचा दिया। लोगों के आश्चर्य की सीमा न रही। वे चिल्ला-चिल्लाकर अब्दुल का उत्साह बढ़ाने लगे। अब्दुल का आत्मविश्वास दूना हो गया। उधर जहूर के दल में खलबली मच गई। जीत को अपने हाथों से फिसलता देख उनका आत्मविश्वास डोल गया।

फिर तो घंटों का खेल मिनटों में खत्म करके अब्दुल के दल ने जीत हासिल कर ली। साथियों ने खुशी के मारे अब्दुल को कंधों पर उठा लिया और "अब्दुल भाई जिंदाबाद!" के नारे लगाने लगे।

यह देख जहूर मन ही मन कुढ़ गया। अब्दुल उसका छोटा भाई था। अपने सामने छोटे भाई को उंचा उठता देखकर उसे ईर्ष्या होने लगी। वह वहां से चल दिया। तभी पीछे से एक लड़के ने पुकारकर कहा, "जहूर भैया, और नहीं खेलोगे?"

आज छुट्टी का दिन था। तय था कि दोपहर ढले तक जमकर खेल होगा। अभी सूरज सिर पर भी नहीं आया था और जहूर जा रहा था। यह देखकर उस लड़के ने टोक दिया था। पर जहूर ने इसे अपना अपमान समझा। वह गुस्से में भर उठा और कहने लगा, "तुम लोग अपने आपको बहुत बड़ा तीसमार खां समझते हो? इस बार तुम लोगों को धूल न चटा दी तो मेरा नाम जहूर नहीं।"

"तो हो जाए शर्त!" एक मसखरे लड़के ने कहा।

"हो जाए," जहूर जोश में बोला, "अगर तुम लोग हारे तो फिर कभी इस मैदान में कदम नहीं रखोगे।"

"मंजूर है," अब्दुल बोला, "पर अगर आप हारे तो आपको हमें तैरना सिखाना होगा।"

"ठीक है, परसों दोपहर बाद इसी मैदान में खेल होगा," कहता हुआ जहूर वहां से चला गया।

अगली सुबह जहूर जब कसरत कर रहा था, तो उसने अब्दुल से कहा, "अब्दुल, मेरी लापरवाही से हर बार तू भले ही जीतता आया है, पर इस बार नहीं जीत सकेगा। इस बार तुझे हारना ही होगा। जीत मेरी ही होगी।"

"नहीं भैया," अब्दुल शांत स्वर में बोला, "जीत न आपकी होगी न मेरी। जीत तो हमेशा मेहनत, आत्मविश्वास, धैर्य और लगन की होती है। जब कामयाबी बिलकुल नजदीक होती है, आप धैर्य खो बैठते हैं और आत्मविश्वास गंवा देते हैं। इसी कारण आप हार जाते हैं।"

"मुझे ज्यादा पाठ न पढ़ा," जहूर बाहों की मछलियां फुलाता हुआ बोला, "जीत सिर्फ मेरी ताकत की होगी। एक-एक को मजा न चखा दिया तो कहना।"

अब्दुल ने लाख चाहा कि वह जहूर को उसकी कमियों से अवगत कराए, पर जहूर अपनी ताकत के घमंड में डूबा हुआ था। उसने एक न सुनी।

अब्दुल उसे समझाता रहा और वह बेफिक्री से कसरत करता रहा।

आखिर वह दिन भी आ गया जिसका सबको बेसब्री से इंतजार था। खेल देखने सारा गांव इकट्ठा हो गया था। सब मैदान के चारों तरफ गोलाई में बैठे थे। चरवाहे अपने जानवरों को छोड़कर मैदान में आ डटे थे। कुछ लड़के किनारे लगे पेड़ों पर चढ़ गए थे। कुछ छोटे बच्चे उत्साहित होकर बार-बार पाले में कूद आते थे जिन्हें सुखई, जो इस खेल का रेफरी था, हाथ पकड़-पकड़कर बाहर कर रहा था। उधर से गुजरनेवाले लोग भी साइकिलें खड़ी करके भीड़ में आकर खड़े हो गए थे।

ठीक समय पर दोनों दल अपने-अपने पाले में आ डटे। खेल शुरू होने से पहले जहूर अब्दुल के पास जाकर फुसफुसाया, "देख अब्दुल, तू मुझसे छोटा है। मुझे जीत जाने देना। हार गया तो बड़ी बेइज्जती होगी। लोग कहेंगे जहूर छोटे भाई से हार गया। तू समझ गया न मेरा मतलब?"

इससे पहले कि अब्दुल कोई जवाब दे पाता, सुखई ने खेल शुरू करने की सीटी बजा दी। दोनों अपने-अपने पालें में जा पहुंचे।

खेल शुरू हो गया। इस बार मुकाबला कठिन था। शर्त जीतने-हारने का सवाल जो था। आन की बात थी। कोई भी हार मानने को तैयार न था। दोनों दल स्वयं को जिताने की जी-तोड़ कोशिशों में लगे थे।

तभी जहूर "कबड्डी-कबड्डी" कहता हुआ तूफान की तरह अब्दुल के पाले में घुसा। दो लड़कों ने लपककर उसे दबोच लिया। पर जहूर ताकत लगाकर उन्हें सीमा-रेखा तक खींच ले गया। उसके साथी हर्ष से उछल पड़े। मैदान में बड़ी देर तक शोर मचता रहा।

इस बार अब्दुल का साथी बिरजू जहूर के पाले में पहुंचा। जैसे ही वह अंदर घुसा, जहूर ने उसे ऐसा जकड़ा कि वह एक कदम भी सरक नहीं पाया। जहूर की खुशी का ठिकाना न रहा। उसका दिल बल्लियों उछलने लगा। लोग चिल्ला-चिल्लाकर उसका उत्साह बढ़ाने लगे।

अब्दुल परेशान हो उठा। क्षणभर के लिए उसे लगा कि जहूर सचमुच

बाजी मार ले जाएगा। लेकिन इस कठिन समय में भी उसने आत्मविश्वास का संबल नहीं छोड़ा। अपनी बारी आते ही उसने तीन लड़कों को छूकर मुकाबला बराबरी पर ला छोड़ा। बाजी उलटती देख जहूर बौखला उठा।

काफी समय तक खेल चलता रहा। कभी जहूर का पलड़ा भारी होता, तो कभी अब्दुल का। अंत तक पहुंचते-पहुंचते जहूर अपने पाले में अकेला बचा, जबकि अब्दुल के साथ पूरा दल था। बस, कुछ ही क्षणों में हार-जीत का फैसला होनेवाला था। लोग सांस रोके खेल देख रहे थे। उनकी धड़कनें तेज हो गई थीं। जहूर परेशान था। इसका असर उसके चेहरे पर साफ झलक रहा था।

बारी आने पर जहूर अब्दुल के पाले में घुसा। अब्दुल बड़ी चालाकी से उसे छकाता रहा। जहूर जैसे ही छूने के लिए झपटता वह और उसके साथी एक ओर खिसककर स्वयं को बचा लेते। कुछ क्षणों के बाद जहूर की सांस टूटने लगी। अब्दुल इसी वक्त के इंतजार में था। उसने जहूर को धर दबोचा। जहूर के ऊपर मानों बिजली गिर पड़ी। उसने आंखें तरेरी। जैसे कह रहा हो–'अब्दुल, मुझे छोड़ दे!'

"नहीं भैया," अब्दुल फुसफुसाया, "ऐसा करना खेल-भावना का अपमान होगा। मैं ऐसा नहीं कर सकता। मुझे माफ करिए।"

अगले ही पल जहूर की सांस टूट गई। अब्दुल के साथी खुशी से उछल पड़े। अब तक धैर्यपूर्वक किनारे बैठे लोग धीरज खोकर मैदान में कूद पड़े। शोरगुल से आसमान गूंज उठा।

अब्दुल के साथी खुशी से फूले नहीं समा रहे थे, पर अब्दुल उदास था। उसकी आंखों में आंसू तैर रहे थे। और दिनों जब वह जीतता था तो खुशी से फूला नहीं समाता था, पर आज उसकी आंखें रह-रहकर भर आती थीं। उसे अपनी जीत की खुशी नहीं थी, बल्कि बड़े भैया की हार का अफसोस हो रहा था। लोग उसकी तारीफ कर रहे थे। "वाह-वाह!" कर रहे थे, पर उनकी बातें उसके हृदय में कांटे जैसी चुभ रही थीं। उसने उदास मन से

जैसे ही घर की ओर कदम बढ़ाए कि पीछे से किसी ने कंधे पर हाथ रख दिया। आत्मीय स्पर्श पाकर वह पीछे पलटा तो देखा, आंखों में आंसू लिए जहूर खड़ा था।

जहूर ने भर्राए गले से कहा, "अब्दुल, मुझे तुझ पर नाज है। आज तूने सच्ची खेल-भावना का परिचय दिया है। मैं दोषी हूं। मैंने छल-कपट से यह खेल जीतना चाहा था। पर आज तूने दिखा दिया है कि खेल के मैदान में कोई रिश्ता-नाता नहीं होता। खेल-भावना के आगे सारे रिश्ते-नाते छोटे हैं। मगर अब्दुल, तू देख लेना, एक दिन मैं तुझसे जरूर जीतूंगा। छल-कपट से नहीं, बल्कि मेहनत, लगन और सच्ची खेल-भावना से।"

"मैं उस दिन का इंतजार करूंगा, भैया।"

दोनों एक-दूसरे के गले लग गए।

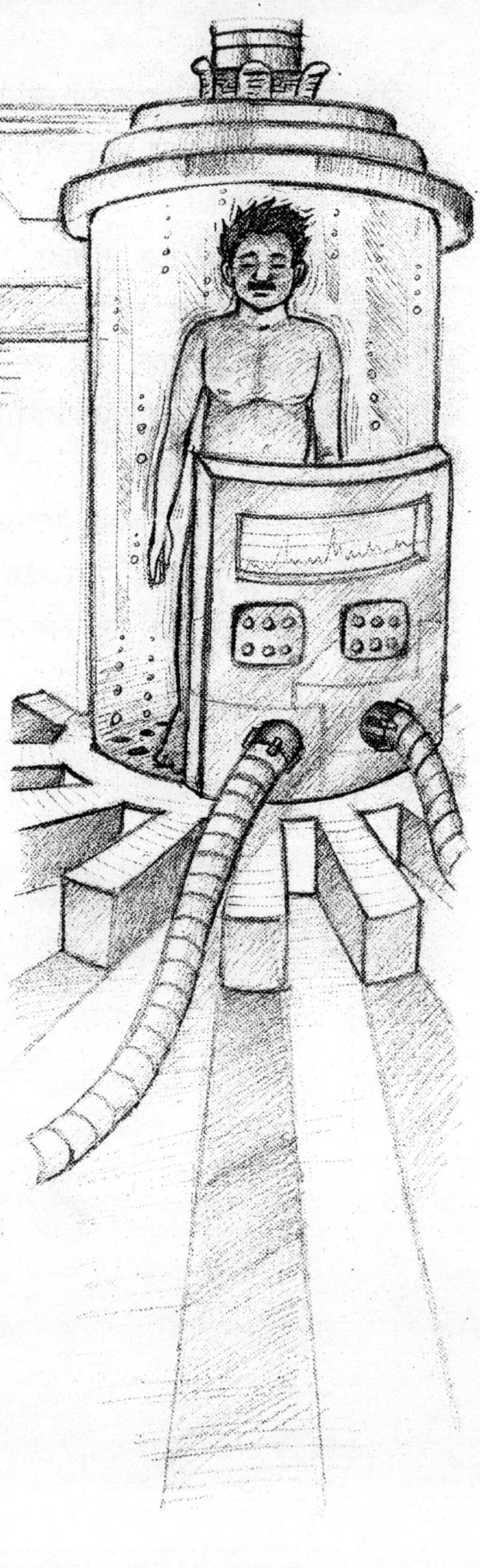

एक असफल सफलता

चार मई की रात जिस समय प्रो. भास्कर और प्रो. जीवानंद अपनी प्रयोगशाला में पारदर्शी खोलवाले कैप्सूल के द्रव में पड़े हितेनदास के मृत शरीर पर एक उचटती नजर डालकर वापस आए तो उन्हें स्वप्न में भी खयाल न था कि अगले ही दिन वे इस मृत शरीर को जीवित करने की प्रक्रिया कर रहे होंगे।

दोनों वैज्ञानिक पिछले पच्चीस सालों से मृत शरीर को पुनर्जीवित करने के प्रयोगों में लगे थे।

भारत ही क्या, विश्व के अनेक देशों में इस किस्म के प्रयोग चल रहे थे। इन प्रयोगों की सफलता के इंतजार में न जाने कितने मृत लोगों के शरीर रसायन घोलों में पड़े थे। पैंतालीस वर्ष पुराना एक शरीर प्रो. भास्कर व

प्रो. जीवानंद की प्रयोगशाला में भी पड़ा था।

दूसरे दिन दोनों वैज्ञानिक सदा की तरह सुबह प्रयोगशाला आए और मृत खरगोशों व चूहों के शरीर पर प्रयोग आरंभ किया।

विश्व में अनेक व्यक्ति मृत्यु से पूर्व अपने शरीर की वसीयत ऐसे प्रयोगों में लगे वैज्ञानिकों के नाम कर गए थे। इस तरह की अनोखी वसीयत के पीछे बड़ा कारण पुनर्जीवन की आस ही था, परंतु अभी तक विश्व में कहीं भी इन मृत शरीरों को पुनर्जीवित नहीं किया जा सका था।

दस बजे प्रयोग के बाद दोनों वैज्ञानिक सुस्ताने बैठे ही थे कि चीं-चीं की आवाज से चौंककर अंदर कमरे में गए। आवाज उस खरगोश की थी जिसे वे अभी-अभी स्ट्रेचर पर छोड़कर गए थे। विस्मय से दोनों की आंखें फैल गईं। खरगोश स्ट्रेचर पर इधर-उधर फुदक रहा था। हर्षातिरेक से दोनों ने एक-दूसरे के हाथ थाम लिए। तो वे अपने प्रयोग में सफल हो गए! आधा घंटा पहले, इसी खरगोश के मृत शरीर पर तो अपना प्रयोग समाप्त करके उठे थे वे दोनों।

उन्होंने लगभग एक घंटा विचार-विमर्श किया। इसके बाद वे दूसरे कक्ष में गए जहां एक मृत शरीर रसायनों के घोल में पड़ा था।

यह शरीर हितेनदास नामक एक उद्योगपति का था जिसकी मृत्यु आज से पैंतालीस वर्ष पूर्व दिल का दौरा पड़ने से हुई थी। दिल के पहले दो दौरों के बाद पैंतालीस वर्षीय हितेनदास प्रो. श्रीनिवास के पास गए तथा अपने शरीर को प्रयोग के लिए दे दिया और इसमें आनेवाले खर्च हेतु आधी संपत्ति की वसीयत भी उनके नाम कर आए। इस वसीयत के छह माह के अंदर ही हितेनदास की मृत्यु हो गई। हितेनदास की इच्छानुसार परिवारजनों ने उनका शरीर प्रो. श्रीनिवास के सुपुर्द कर दिया जो उन दिनों पुनर्जीवन प्रक्रिया के प्रयोगों में लगे थे।

बीस वर्ष तक प्रो. श्रीनिवास प्रयोग करते रहे। उनकी मृत्यु के बाद उनके दो योग्य शिष्यों, प्रो. भास्कर व प्रो. जीवानंद ने ये कार्यभार संभाला। उन्हें

भी इस क्षेत्र में काम करते पच्चीस वर्ष हो चले थे। हितेनदास से संबंधित सारा विवरण उस पट्टिका में था जो कैप्सूल के बाहर चिपकी हुई थी। इस पट्टिका में जीवित रहते समय हितेनदास का ब्लड ग्रुप, उम्र, वजन, रक्तचाप आदि क्या था उसका पूरा विवरण था।

ब्लड बैंक से तुरंत उस ग्रुप का रक्त मंगवाया गया। दोनों वैज्ञानिकों ने उस पैंतालीस वर्ष पुराने शरीर को रसायनों से बाहर निकालकर एक मशीन के स्ट्रेचर पर लिटा दिया। इसके बाद मशीन से निकली नलिकाओं के आगे लगी सुइयों को शरीर के विभिन्न हिस्सों में लगा दिया और बटन दबाया।

हितेनदास के शरीर में भरा रसायन नलिकाओं की सहायता से बाहर निकलने लगा। लगभग एक घंटा ये प्रक्रिया चलती रही। दोनों वैज्ञानिक अपलक हितेनदास के शरीर को देख रहे थे। पैंतालीस वर्ष का अंतराल गुजर जाने पर भी शरीर ज्यों का त्यों था, जैसे हितेनदास गहरी नींद में हों।

रसायनों के कारण ही ये ताजापन बरकरार रहा था और शरीर के तंतु व कोशिकाएं मृत नहीं हो पाई थीं। रसायनों के निकल जाने के बाद उस हिम जैसे शीतल शरीर को ओवन जैसे यंत्र में रखा गया और तापक्रम नियंत्रित करके गरमी दी जाने लगी। वांछित तापक्रम पर जब शरीर पहुंच गया तब उस खोखले शरीर की धमनियों में रक्त चढ़ाने की प्रक्रिया प्रारंभ की गई। प्रो. भास्कर और प्रो. जीवानंद के दिल जोर-जोर से धड़क रहे थे। वे अपलक हितेनदास के शरीर को देखे जा रहे थे जो अब भी उतना ही खूबसूरत व तरोताजा लग रहा था जैसे आज से पैंतालीस वर्ष पूर्व रहा होगा।

नाक में आक्सीजन की नलिका भी लगा दी गई। बंद-बूंद रक्त उस शरीर में जा रहा था। एक-एक पल एक-एक युग लग रहा था। पच्चीस वर्ष की तपस्या का नतीजा जो दोनों वैज्ञानिकों के सामने आनेवाला था। जाने वे अपने प्रयोग में सफल भी रहेंगे या नहीं।

इधर सांझ ढली कि उधर हितेनदास की बंद पलकों में हलका-सा कंपन हुआ। प्रो. भास्कर व प्रो. जीवानंद उछल पड़े—सफलता का ये पहला चरण था। कुछ ही मिनटों में सीने की चमड़ी में फैलाव-सा आया और अब सीना धीमे-धीमे फूलने-पिचकने लगा, यानी सांस आनी चालू हो गई। उत्तेजना से प्रो. भास्कर का हाथ अपनी मुट्ठी में दबा लिया प्रो. जीवानंद ने।

कोशिकाओं में प्राण स्फुरित होने लगे। धीरे-धीरे होठों में फड़फड़ाहट हुई, आंखें खुलीं और पुतलियां दाएं-बाएं घूमने लगीं।

पिछले पैंतालीस वर्ष से स्थिर हुआ समय चल पड़ा। प्रो. भास्कर ने रक्त-नलिका में एक इंजेक्शन लगाया। कुछ ही मिनटों में पुतलियां फिर बंद हो गईं। हितेनदास अब स्वाभाविक नींद ले रहे थे। इस दौरान उनका रक्तचाप और ई.सी.जी. लेकर एक चार्ट तैयार कर लिया दोनों वैज्ञानिकों ने। सब कुछ सामान्य ही था।

लगभग दो घंटे बाद हितेनदास के शरीर में फिर हरकत हुई, उन्होंने आंखें खोलीं और अस्फुट स्वर में बोले, "मैं कहां हूं?"

"अस्पताल में," प्रो. भास्कर बोले।

"तो मुझे दिल के इस तीसरे दौरे से भी बचा ही लिया आपने, डाक्टर!"

प्रो. भास्कर ने अर्थपूर्ण दृष्टि से प्रो. जीवानंद को देखा। ये तो शुभ संकेत है। इसका अर्थ है मस्तिष्क के तंतु मृत नहीं हुए हैं, इसीका सबसे अधिक भय था उन्हें। तभी तो हितेनदास की स्मृति काम कर रही है। हफ्तेभर तक उन्हें इसी तरह 'ट्रेंक्विलाइजर्स' पर रखा गया ताकि वे अधिक से अधिक समय तक सोते रहें और उनके शरीर के हर तंतु को पुनर्जीवित करने का समय मिल सके।

हफ्तेभर में, हितेनदास एकदम चैतन्य हो गए और कमरे में चहलकदमी भी करने लगे। वे बार-बार अपने रिश्तेदारों और मित्रों के बारे में पूछते। उन्हें बताया जाता कि कुछ दिन बाद वे मिल सकेंगे उनसे। दरअसल दोनों

वैज्ञानिक चाहते थे कि उनका मस्तिष्क हर तरह का आघात झेलने योग्य हो जाए।

दसवें दिन तो हितेनदास हठ कर बैठे, "मेरी पत्नी को बुलाइए वरना मैं भाग जाऊंगा यहां से। आप लोगों ने तो मुझे जैसे कैद कर रखा है।"

"वे कैसे आएंगी हितेनदासजी? उन्हें तो परलोग सिधारे भी तीस वर्ष हो गए।"

"आपका दिमाग तो सही है?" हितेनदास भड़क उठे।

"बहुत-सी बातें आपकी सोच और स्मृति-सीमा से बाहर की हैं, हितेनदासजी। आपकी मृत्यु हुए भी पैंतालीस वर्ष गुजर चुके हैं। हमने आपका मृत शरीर संभालकर रखा था। आज पैंतालीस वर्ष बाद उस मृत शरीर को पुनर्जीवन मिला है।"

"क्या...क्या कह रहे हैं आप?"

"जी हां। याद करिए जरा। आप मृत्यु से पूर्व अपना शरीर और आधी संपत्ति प्रयोग के लिए प्रो. श्रीनिवास को दे गए थे। तभी से आपका शरीर इन रसायनों में सुरक्षित पड़ा था। प्रो. श्रीनिवास की मृत्यु हुए भी काफी अरसा हो गया। हम दोनों उनके शिष्य हैं।" प्रो. जीवानंद ने शांत स्वर में यह बताकर उन्हें दीवार पर टंगा इस वर्ष का कैलेंडर दिखाया।

हितेनदास अपना सिर पकड़कर कुर्सी पर बैठ गए और काफी देर वे इसी प्रकार बैठे रहे। प्रो. जीवानंद और प्रो. भास्कर का दिल धड़कने लगा। कहीं हितेनदास इस आघात को झेल न पाए और दुबारा मृत हो गए तो?

पर उनकी शंका निर्मूल निकली। लगभग दस-बारह मिनट बाद हितेनदास ने सिर उठाया और बोले, "हां...अब मुझे सब याद आ रहा है। इन पैंतालीस वर्षों में तो दुनिया ही बदल गई होगी। मेरी पत्नी और माता-पिता तो चले ही गए, अन्य मित्र आदि भी मर चुके होंगे।" हितेनदास के स्वर में दर्द व निराशा थी।

हितेनदास को सामान्य स्थिति में पाकर दोनों वैज्ञानिकों ने अपने प्रयोग की

सफलता की अब विधिवत घोषणा कर दी। विश्वभर में इस अभूतपूर्व खोज से तहलका मच गया। बधाई का तांता लग गया। पत्रकारों की भीड़ वहां जुट गई। अभी किसी को हितेनदास से बात करने की इजाजत नहीं थी। कांच के दरवाजे के इस पार से अभी उन्हें सिर्फ देखा ही जा सकता था। लेकिन विश्व के कुछ देशों के इसी क्षेत्र में प्रयोग कर रहे वैज्ञानिकों को अवश्य हितेनदास से मिलने की अनुमति दी गई। भारतीय वैज्ञानिकों की इस अभूतपूर्व उपलब्धि पर वे चमत्कृत थे।

लगभग एक माह गुजर चुका था। पत्रकार व अन्य लोगों की आवाजाही लगभग बंद हो गई थी। अभी तक हितेनदास प्रयोगशाला में ही थे, बाहर की दुनिया उन्होंने देखी नहीं थी। एक दिन वे बोले, "इस कैद में रहते-रहते मैं ऊब गया हूं। मैं अब पूरी तरह स्वस्थ महसूस कर रहा हूं और शहर घूमना चाहता हूं। क्या तुम लोग मुझे इसकी इजाजत दोगे?"

"जी हां, क्यों नहीं। मैं कल ही तांगा मंगवा दूंगा।"

"तांगा नहीं, टैक्सी मंगवाओ।"

प्रो. भास्कर ने प्रो. जीवानंद की ओर देखा।

हितेनदास बोले, "क्यों, कोई दिक्कत है क्या?"

"दरअसल टैक्सियां और कारें चलना अब पूरी तरह बंद हो चुका है।"

"मगर क्यों?"

"क्योंकि पेट्रोल अब इस धरती पर नहीं के बराबर है।"

"क्या कहते हो?"

"हम ठीक कह रहे हैं। जो थोड़ा-बहुत उपलब्ध है भी, तो उसे कल-कारखानों में बांटा जाता है। अब सिर्फ सरकारी बसें चलती हैं, वे भी सौर ऊर्जा से। स्कूटर, कारें सब कबाड़ में फेंक दिए गए हैं। अब आवागमन साइकिल, तांगों, बैलगाड़ियों और रिक्शों से होता है। सौर ऊर्जा प्राप्त करने की तकनीक अभी काफी महंगी पड़ रही है इसलिए निजी वाहन उस ऊर्जा से नहीं चलते।"

"तो इन पैंतालीस वर्षों में दुनिया पांच सौ वर्ष पीछे जा पहुंची है। उस समय विश्व को जब वैज्ञानिक पेट्रोल की बूंद-बूंद तक बचाने की हिदायत देते थे तब हम बात को इस कान से सुनकर उस कान से निकाल देते थे। आज उसी का फल भुगतना पड़ रहा है सबको।" हितेनदास कुछ देर आंखें मूंदे बैठे रहे।

प्रो. भास्कर घबराकर बोले, "आप ठीक तो हैं न, हितेनदासजी?"

"ठीक तो हूं, पर मेरा दिमाग भारी हो रहा है। मुझे कहीं खुली हवा में ले चलो, किसी बाग-बगीचे में या पेड़ के नीचे। इस घुटन से घबराहट हो रही है।"

"बाग-बगीचे, पेड़?"

"क्यों, क्या आस-पास कोई बगीचा नहीं है?"

"जी नहीं, अब धरती पर इन सब चीजों के लिए जगह नहीं है। जनसंख्या इतनी बढ़ गई है कि खाली जमीन बची ही नहीं। खेत, बाग-बगीचे, जंगल, पहाड़, पेड़, पौधे अब फिल्मों और तस्वीरों में ही दिखते हैं।"

"तो फिर फल, सब्जियां, पशुओं का चारा—ये सब कहां उगता है?"

"अब आदमी अनाज और सब्जियां नहीं, विटामिन की गोलियां खाता है भोजन के समय। आपने शायद ध्यान नहीं दिया, इस एक माह में आप भी तो सिर्फ गोलियां ही खा रहे हैं।"

"अरे हांऽऽ!" हितेनदास ने सिर झटका।

"आप घबराइए नहीं, धीरे-धीरे आज के इस माहौल के आप भी आदी हो जाएंगे।"

"लेकिन वर्षा...वर्षा कैसे होती है बिना पहाड़ों और जंगलों के?"

"जरूरत पड़ने पर अब कृत्रिम वर्षा की जाती है। वैसे अब जरूरत ही क्या है वर्षा करने की? भूख-प्यास बुझाने के लिए ये गोलियां जो हैं।" प्रो. जीवानंद ने समझाया।

"आप स्वयं को संभालिए हितेनदासजी। आप अभी जवान हैं, किसी

हमउम्र स्त्री से विवाह करके घर बसाइए। धीरे-धीरे सब सामान्य हो जाएगा और आप भी पैंतालीस वर्ष बाद की इस दुनिया के आदी हो जाएंगे।"

प्रो. भास्कर की इस सलाह पर हितेनदास के चेहरे पर फीकी मुस्कान आ गई। बोले, "जब मैं मरा था तब पैंतालीस वर्ष का था और लगभग इतने ही समय मैं तुम्हारी प्रयोगशाला में सोया रहा। इस हिसाब से आज मेरी उम्र नब्बे वर्ष होनी चाहिए। तुम्हारी धरती पर शायद मेरे हमउम्र कम ही लोग होंगे। क्या तुम लोग मेरा ये जीवन वापस लेकर दोबारा मुझे चिरनिद्रा में नहीं सुला सकते? बिना पेड़, पौधों, जंगल, नदी, खनिज, पहाड़वाली इस धरती पर मैं रहना नहीं चाहता।"

प्रो. जीवानंद और प्रो. भास्कर ने एक-दूसरे की ओर देखा। कैसी अजीब बात है! पैंतालीस वर्ष पहले ये आदमी मरना नहीं चाहता था, आज ये जीना नहीं चाहता है! उनका पुनर्जीवन का ये प्रयोग सफल होकर भी आखिर सफल क्यों नहीं हो पाया? क्यों हितेनदास के मन की खुशियों, उमंगों को भी वे पुनर्जीवित नहीं कर पाए? यह एक यक्ष-प्रश्न था जो उनकी सफलता को मुंह चिढ़ा रहा था।

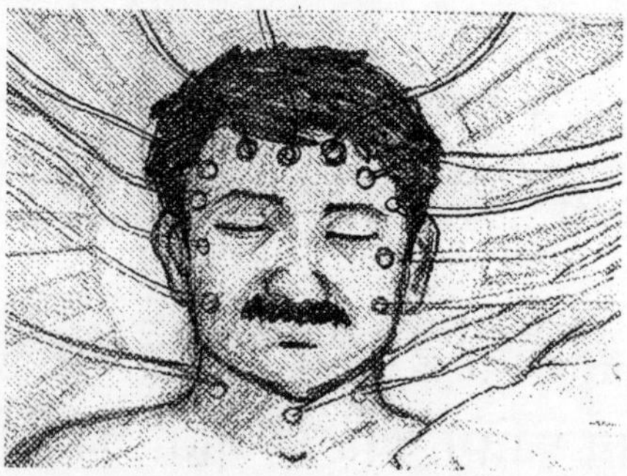

पोलीथीन का रैपर

दीपू के घर के स्टोर-रूम में बहुत धूल जमी हुई थी। महीनों से उसे किसी ने खोला नहीं था। बस जब सामान रखना होता तो दरवाजा थोड़ा-सा खोलकर चीज को अंदर धकेल दिया जाता।

एक दिन दीपू को किसी ने एक गिफ्ट दिया। अपना गिफ्ट खोलकर उसने गिफ्ट रैपर उस स्टोर में यह सोचकर डाल दिया कि सुंदर है, कभी कहीं काम आ जाएगा। वह रैपर सचमुच बहुत ही सुंदर था। स्टोर में रखी सभी चीजें उस रैपर की खूबसूरती की प्रशंसा करती थीं। पोलीथीन के उस रैपर को धीरे-धीरे अपनी खूबसूरती पर घमंड हो गया।

कुछ दिनों बाद दीपू ने दुबारा स्टोर

का दरवाजा खोला और कागज का एक सुंदर गिफ्ट रैपर अंदर डाल दिया। वह रैपर पोलीथीन के रैपर के पास आ गिरा। कागज के रैपर का कुछ भाग पोलीथीन के रैपर के ऊपर आ गया। इस पर पोलीथीन का रैपर बोला, "अरे बदसूरत, कहां से मुझ पर आ गिरा? चल कहीं और जाकर बैठ।"

इस पर सहमते हुए कागज का रैपर बोला, "मैं कोई जानबूझकर तो तुम्हारे ऊपर गिरा नहीं। वैसे भी मैं कौन-सा बहुत भारी हूं जो तुम मेरे भार से दब जाओगे।"

इस पर पोलीथीन का रैपर बोला, "पर मेरी खूबसूरती तुम्हारे कारण ढक गई है। दूर रहो मुझसे," कहकर पोलीथीन का रैपर खिसककर दूसरी जगह चला गया। पोलीथीन के रैपर को कागज के रैपर से जैसे चिढ़ हो गई हो। अब वह उसे नीचा दिखाने का कोई भी मौका नहीं छोड़ता।

कागज का रैपर पोलीथीन के रैपर के इस व्यवहार से दुखी हो गया। एक दिन वह पोलीथीन के रैपर से बोला, "तुम मुझे इतना क्यों सताते हो? मैंने तुम्हारा ऐसा क्या बिगाड़ा है?"

मुंह बनाते हुए पोलीथीन का रैपर बोला, "देखो तो, ये मुंह और मसूर की दाल? कहां मैं इतना खूबसूरत और कहां तुम इतने बदसूरत!"

इस पर कागज का रैपर बोला, "बदसूरत ही सही, पर रहना तो अब यहीं है। हर रोज मेरा चेहरा देखकर कुढ़ने से बेहतर है कि तुम मेरे प्रति अपने मन में रखे दुर्भाव को निकाल दो। मेरी, तुम्हारी और यहां रखी सब चीजों की जिंदगी अब यहीं कटेगी।"

पोलीथीन का रैपर जोर से हँसा, फिर मुंह बनाते हुए बोला, "तुम्हारा तो पता नहीं, मैं यहीं रहूंगा।" फिर बेचारगी जताते हुए बोला, "बरसात तो आने दो, नमी से गल जाओगे और फिर गलकर किसी कचरे के ढेर में पहुंच जाओगे। पर मैं...मैं तो सालोंसाल यहीं रहूंगा। मैं तुम्हारी तरह गलकर खत्म होनेवाली चीज नहीं।"

कागज का रैपर समझ गया कि इससे बहस करना बेकार है। वह चुपचाप एक कोने में पड़ा रहा। कुछ दिनों बाद स्टोर में दीपू के साथ उसकी मम्मी आईं। मम्मी दीपू से बोलीं, "दीपू, तुम अपना बेकार सामान निकालो, तभी स्टोर साफ होगा।"

इस पर दीपू ने अपनी अन्य बेकार चीजों के साथ कागज का वह रैपर भी फेंकने के लिए एक कोने में रख दिया। फिर दीपू बाहर चला गया।

तब पोलीथीन का रैपर बोला, "कहा था न तुम्हें कि तुम किसी दिन कूड़े के ढेर में जाओगे। मुझे देखो, उसने अभी तक मुझे संभालकर रखा है।"

कागज का रैपर उसकी बातें सुनकर कुछ न बोला, केवल हलका-सा मुस्करा दिया। थोड़ी देर में कबाड़ी आया और उन बेकार-सी चीजों के ढेर को उठाकर ले गया।

कागज को कबाड़ी ने फिर से बनने के लिए बेच दिया। वहां कागज को फिर से तैयारकर एक नया रूप दिया गया। अब वह बहुत ही खूबसूरत रंग में आया जिस पर छोटे-छोटे छींटदार फूल भी बने थे।

बाजार में आने पर उस कागज को एक कलाकार खरीदकर ले गया। कलाकार ने उससे एक खूबसूरत कार्ड बनाया।

एक दिन दीपू के स्कूल में पुनर्चक्रित कागज के बने कार्डों की प्रदर्शनी लगी। दीपू उन कार्डों को देखते-देखते उसी कार्ड के पास पहुंचा जो उसके फेंके रैपर के कागज से बना था। कार्ड खूबसूरत होने के कारण दीपू ने उसे खरीद लिया। फिर उसे अपने कमरे में सजा दिया।

कुछ दिनों बाद दीपू को घर बदलना था। मम्मी ने स्टोर खाली करने के लिए चीजें निकालीं। उन चीजों में पोलीथीन का रैपर भी था, जो धूल से भरा हुआ था और उसके टुकड़े-टुकड़े हो गए थे। सफाईवाले ने कमरा बुहारते हुए उस पोलीथीन के रैपर को कूड़े में डाल दिया और बोला, "क्या बेकार की चीज है।" यह कहकर वह दूसरे कमरे की तरफ बढ़ गया।

अब पोलीथीन का रैपर उस कमरे में था, जहां पुनर्चक्रित कागज का कार्ड

रखा था। कार्ड ने मुस्कराते हुए उस टुकड़े-टुकड़े हुए पोलीथीन के रैपर को नमस्ते किया, फिर पूछा, "और भई, कहो कैसे हो?"

पोलीथीन का रैपर बोला, "अच्छी जगह पहुंच गए हो इसलिए तुम इतना इतरा रहे हो?"

इस पर कार्ड बोला, "नहीं भाई, मैं क्यों इतराऊं? तुम्हारी दुर्दशा देखकर तो मैं दुखी हो रहा हूं। और सबसे ज्यादा दुखी तो मैं यह सोचकर हो रहा हूं कि तुम मेरी तरह फिर से नया रूप नहीं ले सकते हो।"

"क्या करूं भाई, मैं बायोडिग्रेडेबल यानी जैविक रूप से नष्ट होनेवाला जो नहीं हूं। मेरे ही तत्वों ने मिट्टी से विद्रोहकर उसमें मिलने से इनकार कर दिया। स्वयं को श्रेष्ठ बनाने के फेर में ही मेरी यह दुर्दशा हुई है।"

इतनी देर में सफाईवाला आया और उसे कूड़े में से भी बाहर फेंक दिया, "क्या करूं इस बेकार पोलीथीन के रैपर का? यह किसी काम का है ही नहीं। अब तो सब कागज का इस्तेमाल करना पसंद करते हैं।"

वो हार गया

समीर का कलेजा बुरी तरह धड़क रहा था। स्टेडियम में जोरों का शोर गूंज रहा था। वह शोर उससे क्या चाहता है, उसे पता था। हिसार के दो प्रमुख स्कूलों, सीनियर माडल स्कूल और पब्लिक स्कूल के मध्य पांच दिवसीय क्रिकेट मैच चल रहा था। ओपनिंग बैट्समेन के रूप में समीर और आलोक ने सीनियर माडल स्कूल की ओर से बैटिंग प्रारंभ की। समीर अपने खाते में धड़ाधड़ रन जोड़ रहा था। आलोक के बाद उसके तीन अन्य साथी भी आउट हो चुके थे, पर समीर अभी जमा हुआ था और जैसे बूंद-बूंद करके घड़ा भरता है वैसे ही समीर ने व्यक्तिगत निन्यानबे रन जुटा लिए थे। बस एक रन,

और उसका शतक पूरा हो जाएगा। उसकी टीम के खिलाड़ियों में गहरी उत्तेजना फैली हुई थी। खुद समीर का दिल भी घबरा रहा था। बल्ले पर उसके हाथ कांप रहे थे।

पब्लिक स्कूल के विपिन ने गेंद फेंकी। गेंद ने बल्ले से लगकर एक ऊंची उछाल भरी। समीर रन बनाने दौड़ पड़ा। तभी जोरों का शोर गूंजा..."कैच!" समीर ने मुड़कर देखा, पब्लिक स्कूल के फील्डिंग कर रहे खिलाड़ी नितिन ने कैच ले लिया है। समीर की आंखों के आगे अंधेरा छा गया। दुख से उसका कलेजा फटा जा रहा था। आह, मंजिल पर आकर ठोकर खा गया। उसकी आंखें भर आई थीं। उसकी टीम के सदस्य उसे धीरज बंधा रहे थे। मरे कदमों से चलता हुआ वह मैदान से बाहर आ गया। दुख के साथ-साथ वह अब क्रोध से भी जल रहा था। अगर कोई और यह कैच लेता तो शायद उसे इतना दुख नहीं होता, पर यह कैच तो उसके जिगरी दोस्त नितिन ने लिया था।

नितिन उसका बचपन से ही पक्का दोस्त था। दोनों के घर साथ-साथ थे इसलिए दोनों साथ-साथ खेले और पढ़े। आठवीं तक वे एक ही स्कूल में थे पर उसके बाद समीर ने सीनियर माडल स्कूल में दाखिला ले लिया और नितिन ने पब्लिक स्कूल में। शहर के ये दोनों स्कूल खेलों में सदा अग्रणी रहते थे। अकसर फाइनल में मुकाबला इन दोनों स्कूलों के बीच ही होता था। समीर और नितिन हमेशा परस्पर विरोधी टीमों में अपने-अपने स्कूलों का नेतृत्व करते थे। पर यह हार-जीत और प्रतियोगिता की भावना बस प्रतियोगिताओं के दौरान ही रहती थी। मैच में चाहे जो भी हारे अथवा जीते, पर घर वे दोनों एक-दूसरे के कंधे पर हाथ धरे साथ-साथ ही लौटते थे। लेकिन आज समीर का हृदय आक्रोश से भरा हुआ था। क्या बिगड़ जाता नितिन का, अगर कैच छोड़ देता? उसका शतक बन जाता। मगर नहीं, लगता है उसे शतक बनाते देख नितिन ईर्ष्यालु बन गया था, तभी तो लपककर उसने कैच ले लिया। उसने दोस्ती को भी याद नहीं रखा।

मैच समाप्त होने पर नितिन समीर के पास आया और उसके कंधे पर हाथ रखकर बोला, "बधाई हो यार, सच में बहुत अच्छा खेले तुम!"

समीर को लगा जैसे नितिन उसके जख्मों पर नमक छिड़क रहा हो। उसने अपने कंधे पर टिका नितिन का हाथ जोर से झटक दिया और बोला, "हाथ मत लगाओ मुझे, धोखेबाज!"

नितिन समीर के इस अजीबोगरीब व्यवहार पर भौंचक्का-सा रह गया। "क्या बात है समीर, इस तरह बेरुखी से बात क्यों कर रहे हो?"

"बड़े भोले बन रहे हो, दोस्ती की आड़ में अपनी जलन तुम इस तरह निकालोगे मैंने सोचा न था।"

"क्या किया है मैंने?" नितिन ने शांत स्वर में पूछा।

"तुमने मेरा शतक पूरा नहीं होने दिया। एक रन से तुम्हारी टीम का कोई भारी नुकसान नहीं हो रहा था। तुम यदि कैच छोड़ देते तो मेरा शतक पूरा हो जाता।"

"कैसी बातें करते हो यार, खेल के मैदान में न कोई दोस्त होता है और न दुश्मन। फिर तुम और मैं अलग-अलग टीमों में थे। हालांकि मैं दिल से चाहता था कि तुम्हारा शतक पूरा हो, पर इसके लिए मैं अपनी टीम के साथ विश्वासघात तो नहीं कर सकता था।" नितिन ने सफाई दी।

"दोस्ती से तो विश्वासघात आराम से कर लिया।" और तेज-तेज डग भरता समीर घर की ओर बढ़ चला। नितिन दुखी मन से समीर को जाते देख रहा था।

यह पहला मौका था जब खेल के बाद दोनों अलग-अलग घर पहुंचे हैं। सुबह भी नितिन समीर का इंतजार करता रहा। दोनों के स्कूल पास-पास ही थे इसलिए वे साथ ही स्कूल जाते थे। पर आज नितिन ने खिड़की से देखा कि समीर बस्ता टांगे अकेला ही स्कूल जा रहा है।

इसके बाद दोनों की दोस्ती में जैसे दरार आ गई। उनकी आपस में बोलचाल भी बंद हो गई। उनके घरवाले भी इस झगड़े से हैरान थे। समीर

के पिता को जब बात का पता चला तब उन्होंने समीर को समझाया, "बेटे, तुमने गलत बात पर नितिन को दोष दिया है। उसकी जगह अगर तुम होते तो तुम भी वही करते जो उसने किया है। अब गुस्सा थूक दो और खेल-भावना अपने अंदर लाओ। ऐसी घटनाओं का तो खिलाड़ियों को बहादुरी से सामना करना चाहिए।"

पर समीर पर इन बातों का कोई असर नहीं हुआ। वह नितिन को ही दोषी मानता रहा।

राष्ट्रीय खेलकूद प्रतियोगिताएं बैंगलुरु में आयोजित हो रही थीं। उसमें भाग लेने सीनियर माडल स्कूल और पब्लिक स्कूल की टीमें भी जा रही थीं। रेलगाड़ी में बच्चे साथ-साथ ही बैठे थे। नितिन और समीर एक-दूसरे की ओर पीठ करके बैठे थे। नितिन की तरह समीर को भी सफर बड़ा लंबा और उबाऊ लग रहा था। पिछली बार जब वे खेलने के लिए अजमेर गए थे तब गप्पों में समय कैसे कट गया था, उन्हें पता भी नहीं चला। पर इस बार वे सफर से बुरी तरह उकता रहे थे। किसी तरह बैंगलुरु आया। उनके रहने का इंतजाम एक ही होस्टल में किया गया था। शाम को सभी खिलाड़ी सामने के मैदान में प्रैक्टिस किया करते। लंबी दौड़ में नितिन और समीर अपने-अपने स्कूलों का प्रतिनिधित्व कर रहे थे। अन्य राज्य से आए बच्चों की दौड़ देखकर समीर को अंदाजा हो गया था कि अगर वह कोशिश करे तो उन सबको पछाड़ सकता है। असली मुकाबला तो उसके और नितिन के बीच में ही रहेगा। यदि वह नितिन को हरा सका तो उसकी जीत निश्चित है। इस तरह पुराना हिसाब भी चुकता हो जाएगा।

सुबह खिलाड़ियों को पांच बजे उठना पड़ता था। सभी बच्चे होस्टल के बाहर मैदान में दौड़ लगाते व कसरत करते। समीर भी अकेला मैदान में टहल रहा था। तभी उसने एक बिच्छू को जाते देखा। वह पत्थर उठाकर जैसे ही उस बिच्छू को मारने को हुआ, अचानक उसे कुछ याद

आ गया। खुशी से उसकी आंखें चमकने लगीं। उसने एक लकड़ी को बीच से चीरा और उसका चिमटा-सा बनाकर बिच्छू को पकड़ लिया। बिच्छू को तरकीब से बांधकर वह होस्टल में ले आया और एक शीशी में बंद करके छिपा दिया।

लंबी दौड़ प्रतियोगिता शाम को चार बजे शुरू होनी थी। खाना खाकर बच्चों ने तीन बजे तक आराम किया और फिर हाथ-मुंह धोकर अपनी-अपनी तैयारियों में लग गए। नितिन अपना ट्रैक सूट लेकर बाथरूम में गया हुआ था। समीर शीशी लेकर सावधानी से नितिन की चारपाई के पास गया। फिर उसने नीचे रखे नितिन के दौड़ के जूते में बिच्छू डाल दिया। उसके बाद वह अपनी जगह वापस आ गया और तैयारियों में लग गया। तभी नितिन ने गुनगुनाते हुए कमरे में प्रवेश किया। चारपाई पर बैठकर उसने सफेद जुराबें पहनीं। इसके बाद उसने बाएं पांव में जूता डाला। समीर कनखियों से उसे ही देख रहा था। नितिन ने जैसे ही अपना दायां पांव जूते में डाला वह जोर से चीख पड़ा। समीर के होठों पर मुस्कान आ गई।

नितिन की चीख सुनकर सभी लड़के उसकी ओर भागे। नितिन ने अपना दायां पांव पकड़ रखा था और दर्द के मारे उसके मुंह से सिसकियां निकल रही थीं। एक लड़के ने जूता उलटा किया तो एक बिच्छू फर्श पर रेंगने लगा। लड़कों ने तुरंत उस बिच्छू को मार दिया। फिर वे नितिन को स्वास्थ्य केंद्र में ले गए। नितिन के पांव में बहुत पीड़ा हो रही थी और वह लंगड़ाकर चल रहा था। पब्लिक स्कूल के खिलाड़ियों के चेहरे मुरझा गए थे। उन्हें दौड़ में नितिन के प्रथम आने की पूरी उम्मीद थी। पर अब उनकी उम्मीदों पर पानी फिर गया था। डाक्टर ने नितिन के पांव का इलाज करके दवा लगाकर पट्टी बांध दी और उसे दर्द कम करनेवाली दवाई खाने को दी। लंगड़ाता हुआ नितिन होस्टल में वापस आ गया। अपनी योजना की सफलता पर समीर मन ही मन बड़ा प्रसन्न हो रहा था। अब उसकी राह का कांटा निकल गया था।

नियत समय पर सभी खिलाड़ी दौड़ के लिए एक पंक्ति में खड़े हो गए। नितिन भी दौड़ देखने आया था। वह सामने ही कुर्सी पर बैठा हुआ था। पिस्तौल की ठांय होते ही सभी धावक दौड़ पड़े। समीर बहुत तेज भाग रहा था। पर उसे लग रहा था जैसे उसके दाएं-बाएं भाग रहे दो प्रतियोगी भी कम नहीं हैं। वह उन्हें पीछे नहीं कर पा रहा था।

तभी उसके कानों में नितिन की आवाज गूंजी—"शाबाश समीर! और तेज! और तेज, बहुत अच्छे!"

समीर के मन में दोस्त की आवाज सुनकर जोश भर आया, उसने गति बढ़ा दी। पूरी रेस के दौरान नितिन की आवाज उसी तरह गूंज रही थी, "और तेज, समीर और तेज, शाबाश!" समीर के पांवों में जैसे पंख लग गए हों। वह तेजी से भागता रहा। लक्ष्य पर पहुंचकर वह हांफने लगा। मैदान में शोर मच गया, समीर प्रथम आया था। उसके स्कूल के खिलाड़ियों ने उसे कंधों पर उठा लिया। तभी समीर ने देखा कि सामने से नितिन लंगड़ाता हुआ आ रहा है। खुशी से उसकी आंखें चमक रही थीं। आते ही उसने समीर को गले लगा लिया और बोला, "वाह दोस्त, कमाल कर दिया! बधाई हो तुम्हें!"

इस स्वागत पर समीर के दिल में एक टीस-सी उठी। क्या वह इस बधाई का हकदार है? कमरे में आकर भी उसका दिल बुझा-बुझा था। अपने प्रथम आने पर उसे जरा भी खुशी नहीं थी। उसने तो नितिन को खेल से ही बाहर कर दिया और नितिन उसी की जीत पर कितना प्रसन्न है। उसके कानों में अब भी आवाज गूंज रही थी—"और तेज, शाबाश! और तेज!"

आत्मग्लानि उसे मथे जा रही थी। उसने एक ऐसी छोटी-सी बात पर नितिन को दोषी ठहराया जिसमें नितिन का कोई दोष भी नहीं था। मगर उसने तो जानबूझकर नितिन का बुरा सोचा, फिर भी नितिन उसका भला ही चाहता रहा। नितिन का मन आज भी साफ है, तभी तो वह उसके प्रथम आने की कामना करता रहा। किंतु उसका अंतर्मन कितना मैला है। कितना

3

पाप छिपा है उसके अंदर। उसने खिड़की से देखा कि नितिन बाहर बगीचे में बेंच पर बैठा हुआ है। समीर उठकर उसके पास गया।

"नितिन, मुझे माफ कर दो दोस्त। मैंने ही तुम्हारे जूते में बिच्छू डाल दिया था। मैं बदले की आग में झुलस रहा था। तभी ऐसा नीच कदम मैंने उठाया।"

नितिन हैरानी से समीर की बातें सुन रहा था। एक पल को तो वह भौंचक्का रह गया, फिर संभलकर बोला, "कोई बात नहीं है दोस्त, कम से कम तुम्हारे मन का मैल तो धुल गया। प्रथम तो मैं वैसे भी नहीं आता। तुम बहुत तेज भागे और तुमने ये दूरी रिकार्ड समय में तय की है।"

"नहीं दोस्त, मैं जीता नहीं, हारा हूं। तुमने मुझे हरा दिया है, अपनी सच्चाई और अच्छे व्यवहार से। जिंदगी में इससे बड़ी हार मेरी कभी नहीं हुई। मुझे माफ कर देना, दोस्त।" और समीर की आंखों से टप-टप आंसू गिरने लगे।

बैंगलुरु से वापस आने पर जब दोनों के परिवारवालों ने उन्हें हाथ में हाथ डाले, खुशी से चहकते हुए आते देखा तो हैरान रह गए।

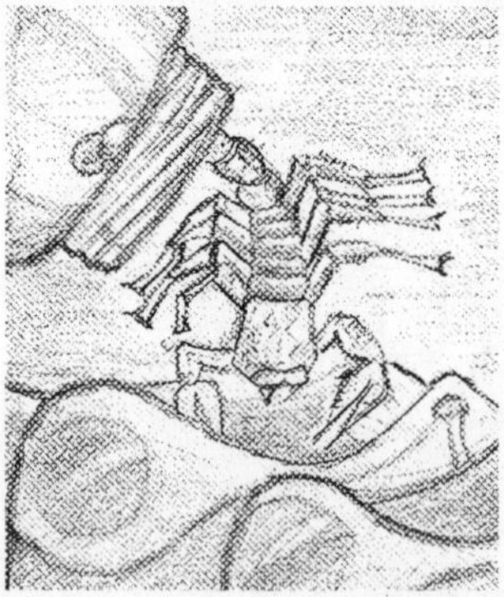

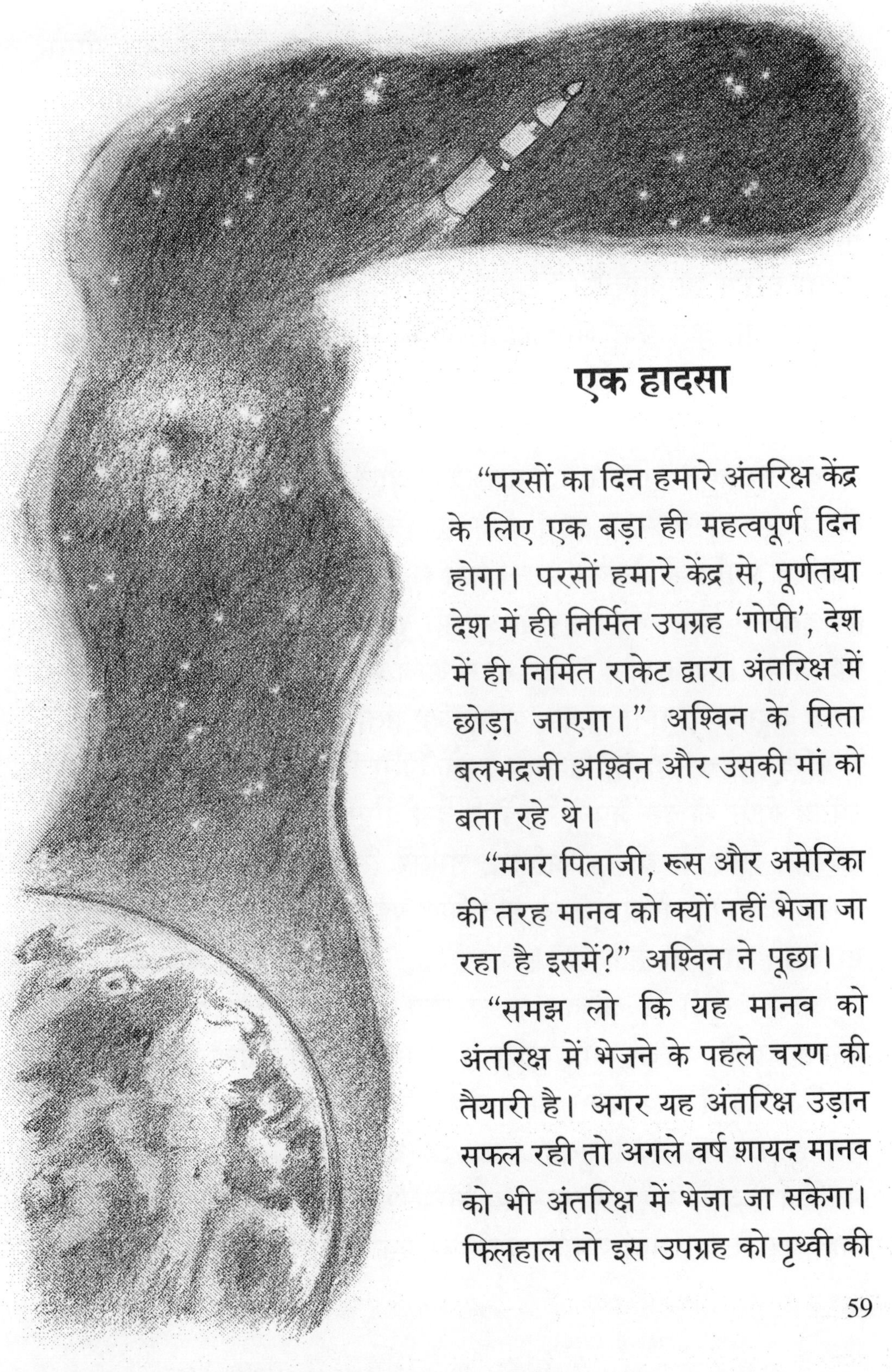

एक हादसा

“परसों का दिन हमारे अंतरिक्ष केंद्र के लिए एक बड़ा ही महत्वपूर्ण दिन होगा। परसों हमारे केंद्र से, पूर्णतया देश में ही निर्मित उपग्रह ‘गोपी’, देश में ही निर्मित राकेट द्वारा अंतरिक्ष में छोड़ा जाएगा।” अश्विन के पिता बलभद्रजी अश्विन और उसकी मां को बता रहे थे।

“मगर पिताजी, रूस और अमेरिका की तरह मानव को क्यों नहीं भेजा जा रहा है इसमें?” अश्विन ने पूछा।

“समझ लो कि यह मानव को अंतरिक्ष में भेजने के पहले चरण की तैयारी है। अगर यह अंतरिक्ष उड़ान सफल रही तो अगले वर्ष शायद मानव को भी अंतरिक्ष में भेजा जा सकेगा। फिलहाल तो इस उपग्रह को पृथ्वी की

कक्षा में स्थापित कर दिया जाएगा। वहां से यह चित्र भेजकर मौसम संबंधी महत्वपूर्ण जानकारियां भेजेगा जिससे मौसम के पूर्वानुमान में सहायता मिलेगी। एक तरह से यह देश की सुरक्षा में भी सहयोगी होगा और देश की सीमाओं पर बड़ी शक्तियों द्वारा की जा रही जासूसी पर भी नजर रखेगा। गोपी को छोड़ने के लिए परसों सुबह दस बजे से उलटी गणना प्रारंभ हो जाएगी।"

"पिताजी, कल क्या आप गोपी उपग्रह मुझे दिखा सकते हैं? मेरी इसे देखने की बहुत इच्छा है। अब तक मैंने इन्हें चित्र में या टेलीविजन में ही देखा है।"

"यह तो बहुत मुश्किल है," बलभद्रजी बोले, "असल में इस समय हमारे केंद्र में सुरक्षा व्यवस्था बहुत कड़ी है। कई पड़ोसी देश भारत की इस वैज्ञानिक प्रगति को देखकर प्रसन्न नहीं हैं और कार्य में बाधा डालना चाहते है। इसलिए किसी भी बाहर के आदमी का अंतरिक्ष केंद्र में प्रवेश निषिद्ध घोषित कर दिया गया है। फिर भी मैं आज शाम को केंद्र के निदेशक से बात करके देखूंगा।" खाना खाकर बलभद्रजी अंतरिक्ष केंद्र चले गए।

अश्विन सोच रहा था कि यदि उसके पिताजी को स्वीकृति मिल जाए तो उपग्रह गोपी को वह अपनी आंखों से देख पाएगा। शाम को उसके पिताजी जब घर आए तो बोले, "अश्विन, तुम्हारे लिए एक खुशखबरी है। तुम्हें उपग्रह दिखाने के लिए मुझे स्वीकृति मिल गई है। चाहो तो अपने दोस्तों को भी अपने साथ ला सकते हो।"

"ओह!" खुशी से अश्विन उछल पड़ा। वह उसी समय अपने सबसे घनिष्ठ दोस्तों, भारत और सुवीर के पास गया और उन्हें भी दूसरे दिन अंतरिक्ष केंद्र में साथ चलने का आमंत्रण दिया। भारत और सुवीर भी बड़े खुश हुए। अगले दिन सुबह आठ बजे बलभद्रजी के साथ तीनों लड़के अंतरिक्ष केंद्र में गए। गेटपास के निरीक्षण के बाद बलभद्रजी उन्हें उस स्थान पर ले गए जहां उपग्रह गोपी को एक ऊंचे प्लेटफार्म पर रखा गया

था। गोपी लंबे गोल पाइप के आकार का था। उसके साथ ही एक राकेट जुड़ा हुआ था। राकेट की नोंक आसमान की ओर थी।

बलभद्रजी बोले, "आओ बच्चो, तुम्हें उपग्रह नजदीक से दिखा दूं।"

सीढ़ियां चढ़ते हुए वे प्लेटफार्म के ऊपर पहुंचे। अश्विन गोपी को आश्चर्य

से देख रहा था। बलभद्रजी ने एक बटन दबाया तो गोपी की दाईं ओर एक छोटा-सा दरवाजा खुल गया। बलभद्रजी के साथ तीनों लड़के गोपी के अंदर प्रविष्ट हुए। उपग्रह के अंदर घुसने की उत्तेजना और खुशी से अश्विन का कलेजा धक-धक करने लगा था। विश्व का शायद वह पहला लड़का होगा जो इस तरह उपग्रह में प्रवेश कर पाया हो। उपग्रह के अंदर तारों का जाल बिछा हुआ था। अलग-अलग आकार के कई डायल जगह-जगह फिट थे जिनके अंदर लाल-हरी बत्तियां जल-बुझ रही थीं।

बलभद्रजी ने बताया, "उपग्रह गोपी को इस तरह बनाया गया है कि इसे मानव द्वारा अंदर से संचालित किया जा सकता है। पर फिलहाल यह मानवरहित है इसलिए केंद्र से ही संचालित किया जा सकेगा। उसके बाद इसे पृथ्वी की कक्षा में स्थापित कर दिया जाएगा। अपने जीवनकाल तक यह पृथ्वी की कक्षा में ही घूमता रहेगा।"

"इसका जीवनकाल कितना है, पिताजी?" अश्विन ने पूछा।

"सौ वर्ष तक तो है ही, पर यदि कोई आकाशीय पिंड या बड़ी उल्का इससे टकरा गई, तो यह समय से पहले भी नष्ट हो सकता है। वैसे इसकी आशंका कम ही है, क्योंकि सामान्य रूप से सभी ग्रह अपनी ही कक्षा में रहते हैं, मार्ग नहीं बदलते।"

तभी एक आदमी प्लेटफार्म के नीचे से चिल्लाया, "बलभद्रजी, आपको निदेशक ने बुलाया है।"

बलभद्रजी गोपी से बाहर आए। तीनों लड़के भी उनके पीछे-पीछे बाहर आ गए। बाहर आकर बलभद्रजी ने एक नीला बटन दबाया और गोपी का दरवाजा बंद हो गया। इसके बाद वे सीढ़ियां उतरते हुए बोले, "तुम तीनों अब घर चले जाओ।" तेज कदमों से चलते हुए वे सामने के गलियारे में ओझल हो गए। तीनों लड़के अभी प्लेटफार्म की अंतिम सीढ़ी पर ही थे। अचानक अश्विन रुक गया और बोला, "चलो, एक बार फिर गोपी को देखने चलते हैं। हम तो अभी ठीक तरह से देख भी नहीं पाए थे।"

"नहीं-नहीं, ये गलत बात है। किसी ने देख लिया तो हमारी खैर नहीं," भारत ने कहा।

"कोई नहीं देखता," अश्विन बोला।

तीनों लड़के एक बार फिर ऊपर चढ़े। अश्विन ने गोपी का वही बटन दबाया जो उसके पिता ने दबाया था। दरवाजा एक बार फिर खुल गया। तीनों गोपी के अंदर प्रविष्ट हो गए। एक बड़ा-सा लाल बल्ब तेजी से जल-बुझ रहा था। अश्विन बोला, "पहले तो ये बल्ब नहीं जल रहा था। शायद किसी के छू जाने से इसका स्विच दब गया लगता है। मैं अभी स्विच दबाकर इसे बंद कर देता हूं।"

अश्विन ने जैसे ही लाल बल्ब के पास लगा स्विच दबाया, अचानक जोर से एक घरघराहट शुरू हो गई। उपग्रह के साथ जुड़े राकेट से धुआं निकलने लगा और उपग्रह का दरवाजा खट से बंद हो गया। तीनों बुरी तरह घबरा गए। अश्विन ने दरवाजा खोलना चाहा, पर वह तो जैसे सीलबंद था। अचानक उपग्रह गोपी में कंपन होने लगा। कई छोटे-छोटे लाल बल्ब एक साथ जल उठे। तभी जोर का कर्णभेदी धमाका हुआ और उपग्रह के चारों ओर आग की लपट-सी उठी। अश्विन चीखा, "सीट बेल्ट बांध लो, गोपी शायद आकाश में जानेवाला है।" तीनों ने घबराकर सीटों के साथ जुड़ी बेल्ट कमर से बांध ली। तभी शूंऽ-शूंऽ की आवाज हुई और उन्हें लगा जैसे किसी ने उन्हें हवा में उछाल दिया हो। भय से तीनों ने आंखे मूंद लीं।

कुछ देर बार अश्विन ने आंखें खोलीं। अब वह कुछ व्यवस्थित हो गया था। वह बोला, "हमारी गलती से उपग्रह अपने समय से एक दिन पहले छूट गया है। अब हम तीनों का क्या होगा?"

"तुम्हीं ने छेड़खानी की थी गोपी से, तुमने हम दोनों को भी संकट में डाल दिया। तुम सदा बिना सोचे-समझे चीजों से छेड़खानी करते रहते हो। अब ये उपग्रह हमारी कब्र बनकर रह जाएगा," भारत बोला।

"पिताजी ने बताया था कि ये उपग्रह पूरी तरह मानव-संचालित हो इस

तरह बनाया गया है, क्योंकि अगले साल ऐसे ही उपग्रह में मानव को भेजा जानेवाला है। वैसे अब इसे केंद्र से संचालित किया जा रहा होगा। केंद्र के सभी वैज्ञानिक गोपी की इस आकस्मिक उड़ान से स्तब्ध रह गए होंगे।"

गोपी के उड़ते समय जो एक तेज शोर था वह अब धीरे-धीरे कम होता जा रहा था। एक धीमी घरघराहट ही शेष रह गई थी।

सुधीर बोला, "लगता है गोपी को छोड़नेवाला राकेट अपना काम पूरा करके नष्ट हो गया है। अब उपग्रह अपनी मशीन से चल रहा है।"

तीनों चुपचाप बैठ गए। वे उपग्रह के सामने के स्क्रीन पर निगाहें टिकाए बैठे थे। तीनों ने अब स्वयं को हालात के हवाले कर दिया था। न जाने कब तक वे इस तरह खामोश बैठे रहे। तभी एक झटका-सा लगा और सामने डायल में लगी हुई सुई सरककर आगे हो गई।

"ये क्या हुआ?" भारत बोला

"शायद गोपी पृथ्वी की गुरुत्वाकर्षण सीमा से निकलकर अंतरिक्ष में आ गया है। अब पृथ्वी इसे अपनी ओर नहीं खींच रही। शायद इसीलिए सुई आगे सरककर इसकी बढ़ी हुई गति को दर्शा रही है।

अचानक सुवीर बोला, "मुझे तो जोरों की भूख लग रही है।"

"यहां तो खाने को हवा भी नहीं हैं," भारत बोला, "क्योंकि गोपी शायद पृथ्वी के वायुमंडल से ऊपर निकल चुका है।"

"घबराओ मत," अश्विन बोला, "पिताजी ने कहा था कि इसमें वे सब इंतजाम हैं जो मानवसहित जानेवाले उपग्रह में होते हैं, क्योंकि वे अंतरिक्ष सूट, भोजन, दवाइयों आदि पर अंतरिक्ष के प्रभाव को जानना चाहते हैं। वो देखो, सामने तीन अंतरिक्ष सूट भी रखे हुए हैं। पहले हम उन्हें पहन लेते हैं, क्योंकि इस समय हम भारहीनता की अवस्था में हैं। बिना इन्हें पहने हम हवा में तिनकों जैसे उड़ने लगेंगे।"

बेल्ट से बंधे-बंधे ही कुछ उचककर सुवीर ने हाथ बढ़ाकर अंतरिक्ष सूट उतार लिए। तीनों ने एक-एक सूट पहन लिया। देखने में वे भारी-भरकम

लग रहे थे पर पहनने में हलके थे। सूट उनके नाप के न होने के कारण लबादे-से लग रहे थे। अब अश्विन ने सीट बेल्ट खोली और सामने की ड्राअर खोलने लगा।

भारत बोला, "अब तुम इधर-उधर बेकार की छेड़खानी न करना। एक मुसीबत में तो पहले ही डाल चुके हो।"

अश्विन ने ड्राअर खोली, वहां कई शीशियां पड़ी थीं। उनमें तरह-तरह की गोलियां भरी थीं। एक शीशी पर फूड लिखा था। अश्विन ने वो शीशी खोली और एक-एक कैप्सूल सुवीर और भारत को थमाकर बोला, "इन्हें खाकर हमारी भूख मिट जाएगी। अलमारी में प्यास बुझानेवाली गोलियां भी हैं। इस तरह कुछ दिन तो कट ही जाएंगे। मुसीबत तो तब शुरू होगी जब ये गोलियां खत्म हो जाएंगी।"

तीनों ने एक-एक कैप्सूल मुंह में डाल लिया। कुछ समय बाद ही उन्हें लगा जैसे उनका पेट भर गया है और वे तृप्त हो गए हैं। दूसरी शीशी की गोली प्यास बुझाने को खाई तो उन्हें अपना सूखा हुआ गला तर होता लगा। अचानक, सामने लगे बोर्ड पर एक लाल बल्ब जल उठा। कंपास की सुई धीरे-धीरे अंग्रेजी के एन लिखे बिंदु की ओर घूमने लगी।

अश्विन बोला, "लगता है गोपी को पृथ्वी से संचालित किया जा रहा है। शायद इसे इसकी कक्षा में स्थापित कर रहे हैं।" तभी सामने रखे माइक्रोफोन जैसे एक उपकरण से बीप-बीप की आवाज आने लगी।

भारत चौंककर बोला, "लगता है पृथ्वी के हमारे अंतरिक्ष केंद्र से कोई बात करना चाहता है। अश्विन, तुम उठाकर देखो।"

अश्विन ने चोंगा उठाकर कान में लगा लिया। एक हलकी-सी घरघराहट के बाद आवाज आई, "हलो, हलो...बलभद्र स्पीकिंग।"

पिताजी की आवाज सुनते ही अश्विन खुशी से चीखा, "पिताजी, मैं अश्विन बोल रहा हूं...अपनी गलती से ही हम इस मुसीबत में फंस गए हैं।"

"घबराओ मत बेटे, इस समय तुम्हें हिम्मत से काम लेना होगा।"

"पिताजी, जिस तरह रूस और अमेरिका के अंतरिक्षयान अपनी यात्रा के बाद समुद्र में जाकर उतरते हैं, वैसे ही क्या गोपी को भी समुद्र में नहीं उतारा जा सकता?"

"उसी का प्रयास हम कर रहे थे।"

"थे?...इसका मतलब अब नहीं कर रहे हैं?" अश्विन घबराकर बोला।

"कोशिश तो अब भी कर रहे हैं, पर...देखो बेटे, अब तुमसे कुछ भी

छिपाने का कोई फायदा नहीं। गोपी अपनी यात्रा पर चौबीस घंटे पहले ही चल पड़ा है इसलिए हमारे सभी इंतजाम व्यर्थ होते जा रहे हैं। गोपी पर हमारा नियंत्रण धीरे-धीरे समाप्त होता जा रहा है। अभी यह पूरी तरह अपनी कक्षा में भी स्थापित नहीं हो पाया है, इसलिए..."

"इसलिए किसी उल्कापिंड अथवा ग्रह से टकराने का खतरा है, यही कहना चाह रहे हैं न आप?"

"हां, बेटे," पिताजी का भर्राया स्वर आया। "बेटे, हम गोपी पर से बड़ी तेजी से नियंत्रण खोते जा रहे हैं। तुम जल्दी से मेरी बातें ध्यान से सुनो। गोपी के स्क्रीन के नीचे एक उपकरण है जिसमें कई बटन लगे हैं। बाएं से तीसरे नंबर के सफेद बटन द्वारा डायल की सुई को खिसकाकर नब्बे डिग्री के कोण तक लाने का प्रयास करो। अगर ऐसा कर सके तो गोपी पृथ्वी की कक्षा में स्थापित हो जाएगा और तुम दुर्घटना से बच जाओगे...तब तक हम रूस, अमेरिका आदि के वैज्ञानिकों से संपर्क करके तुम्हें वापस पृथ्वी तक लाने का प्रयास करेंगे...हलो...अश्विन...हमारा नियंत्रण अब खत्म..." अचानक माइक्रोफोन से आवाज आनी बंद हो गई।

अश्विन ने चोंगा वापस रखा और हताश स्वर में बोला, "पृथ्वी से हमारा संपर्क पूरी तरह टूट गया है। अब इस विशाल अंतरिक्ष में हम अकेले हैं।"

"अब क्या होगा?" सुवीर की आंखों में आंसू आ गए। "क्या हमारा अंत यहीं गोपी के अंदर हो जाएगा?"

"ये सब तुम्हारे कारण हुआ है, अश्विन," भारत ने कहा, "तुम गोपी के अंदर भी अपनी छेड़खानी से बाज नहीं आए।"

"मुझे कोसना छोड़ो और सुनो, पिताजी ने कहा है कि गोपी को जल्दी से जल्दी नब्बे डिग्री के कोण पर ले आओ। इससे यह पृथ्वी की कक्षा में आ जाएगा और अन्य ग्रहों के साथ इसके टकराने का अंदेशा नहीं रहेगा। चलो, जैसा पिताजी ने बताया है वैसी कोशिश करके देखते हैं।"

अश्विन अभी स्क्रीन की ओर घूमा ही था कि उसे लगा जैसे एक

चमकदार विशाल गोला तेजी से उस ओर आ रहा है। लगा, कोई उल्का गोपी से टकरानेवाली है...अरे! यह तो पास आ गई! "बचाओ...बचाओ!"

"क्या हुआ? क्या हुआ, अश्विन? उठो।" मां का कोमल स्वर कान में पड़ा तो अश्विन चौंककर उठ बैठा और आंखें मल-मलकर हैरानी से आस-पास देखने लगा। ओह! तो यह एक सपना था! पर कैसा खौफनाक सपना था? उसे याद आया, जब पिताजी ने उसे गोपी उपग्रह को छोड़ने के बारे में बताया था तब उसने उनसे कहा था कि एक बार वे उसे गोपी दिखा दें, पर जवाब में पिताजी ने मना करते हुए कहा था, "गोपी के पास आदमी तो क्या, इस समय चिड़िया भी नहीं फटक सकती। सुरक्षा के सख्त इंतजाम किए गए हैं। केवल केंद्र के वैज्ञानिक ही वहां जा सकते हैं।"

निराश होकर वह यही सोचता रहा था कि काश, वह एक बार गोपी को अंदर से देख पाता। सुबह ही उसे घर के उपकरणों से छेड़छाड़ करने पर डांट भी पड़ी थी। जब उसके गलत फ्यूज जोड़ने पर एक धमाका हुआ था तब पिताजी ने डांटकर कहा था कि बिना जानकारी के बिजली के किसी भी उपकरण को हाथ लगाना गलत है। लगता है ये दोनों बातें उसके मस्तिष्क में जम गईं और इस प्रकार के अनोखे स्वप्न के रूप में सामने आ गईं तथा उसे ये नसीहत भी दे गईं कि पूरी जानकारी के बिना किसी भी वैज्ञानिक उपकरण को छेड़ना नहीं चाहिए।

स्वाती का जादू

"स्वाती कुछ कर रही हो क्या?" मम्मी ने स्वाती के कमरे में प्रवेश किया।

"नहीं मम्मी, बोर हो रहे हैं।" स्वाती बिस्तर पर उठकर बैठ गई।

"तो चलो थोड़ी देर घूम आते हैं।"

"अरे वाह, मम्मी! ये हुई न मेरे मन की बात!" स्वाती चहक उठी।

"तुम कपड़े बदल लो। मैं भी तब तक अपना जूड़ा बना लेती हूं," मम्मी अपनी चौदह वर्षीय बेटी की ओर देखकर बोलीं।

"हम जा कहां रहे हैं?" स्वाती ने अपनी मम्मी से पूछा।

"ममता आंटी के घर चलते हैं।"

"लेकिन वहां तो मेरी बराबरी का कोई नहीं है।" स्वाती ने विरोध किया।

"बेटा, आंटी तुम्हें कितनी बार बुला चुकी हैं और उनकी बेटी मीनल और सोनल भी तुम्हें कितना प्यार करती हैं।" मम्मी ने समझाया।

"ठीक है, चलिए।"

कुछ देर बाद दोनों ममता आंटी के घर पहुंच गईं। गेट के अंदर घुसते ही मीनल के जोर-जोर से रोने की आवाज सुनाई देने लगी।

"अरे भाई, मेरी बिटिया रो क्यों रही है?" कहते हुए मम्मी अंदर गईं।

"नमस्ते, भाभी। अरे वाह! स्वाती भी आई है!" ममता आंटी खुश होती हुई बोलीं।

"नमस्ते, आंटी। मीनल को क्या हो गया है?" कहते हुए स्वाती मीनल की ओर बढ़ गई।

"अरे, इस लड़की को पता नहीं क्या हो गया है? हमें परेशान करके रख दिया है," मम्मी के साथ बैठती हुई ममता आंटी बोलीं।

"आखिर बात क्या है?" मम्मी ने पूछा।

"क्या बताएं भाभी, कांच का एक टुकड़ा जाने कहां से उठा लाई है और कह रही है कि वो हीरा है।"

"तो क्या हो गया? बच्ची है, बच्चे तो जिद करते ही हैं। कह दो 'हां है हीरा', खुश हो जाएगी। इसमें क्या मुश्किल है?" मम्मी ने सलाह दी।

"अरे भाभी, ये तो हम लोग कह ही रहे हैं। पर समस्या ये नहीं है। मीनल कह रही है कि उसका हीरा बहुत चमकनेवाला था। उसकी चमक किसी ने निकाल ली है। उसे वो चमक वापस चाहिए।" ममता आंटी ने समस्या बताई।

मम्मी को कोई उत्तर न सूझा और वे मीनल की ओर ताकती रह गईं।

"अब आप ही बताइए भाभी, कांच को हीरा कैसे बना दूं?"

"ये तो बहुत आसान है, आंटी। मीनल, बस इतनी-सी बात के लिए तुम इतना रो रही थीं?" स्वाती ने छह साल की मीनल को गोद में बिठा लिया।

"आप हमारे हीरे की चमक वापस ले आएंगी?" अविश्वास से मीनल ने स्वाती की ओर देखा।

"हां, बिलकुल ले आएंगे।" विश्वासभरे स्वर में स्वाती बोली।

"कैसे?" मीनल ने पूछा।

"दीदी, आपको जादू आता है क्या?" अब तक चुपचाप बैठी सोनल भी उठकर स्वाती के पास चली आई।

"हां, आता है।" स्वाती मुस्कराई।

"हमको भी सिखा दीजिए," दस वर्षीय सोनल ने स्वाती से अनुरोध किया।

"हां, जरूर सिखाएंगे।"

"दीदी, हमको भी सीखना है।" मीनल रोना भूल चुकी थी।

"आपको भी जरूर सिखाएंगे," मीनल का गाल चूमते हुए स्वाती बोली।

"तो फिर सिखाइए न, दीदी।" सोनल को अब सीखने की जल्दी थी।

"पहले हमें अपना हीरा दिखाओ तभी तो सिखाएंगे," स्वाती बोली।

"ए मीनल, कहां हैं हीरा?" सोनल ने छोटी बहन से पूछा।

"मेरे पास है हीरा। ये रहा," कहते हुए मीनल ने अपनी बंद मुट्ठी खोली। उस पर एक तिकोना कांच का टुकड़ा रखा था।

"दीदी, मीनल का हीरा पहले सचमुच बहुत चमक रहा था," मीनल की हथेली की ओर देखते हुए सोनल बोली।

"दीदी, मेरे हीरे की चमक वापस ले आइए न।" मीनल अब उतावली होने लगी।

"अच्छा चलो, बाहर चलते हैं," स्वाती ने सोनल और मीनल से कहा।

"बाहर?" सोनल और मीनल ने एक साथ पूछा।

"हां, बाहर। यह जादू बाहर ही होता है," उठते हुए स्वाती बोली।

"चलिए।" दोनों बहनें एक साथ उठकर खड़ी हो गईं।

"पहले अपना हीरा मुझे दे दो," स्वाती बोली।

"क्यों?"

"क्योंकि जब तुम्हारा हीरा मेरे पास होगा तभी तो मैं उसकी चमक वापस ला पाऊंगी।" स्वाती ने समझाया।

"अच्छा लीजिए।" मीनल ने कांच का तिकोना टुकड़ा स्वाती की फैली हुई हथेली पर रख दिया।

तीनों जब बाहर आ गईं तो स्वाती ने इधर-उधर देखा और बरामदे की ओर देखकर बोली, "वो देखो स्टूल रखा है, तुम दोनों उसे उठाकर ले आओ।"

दोनों बहनें दौड़कर स्टूल उठा लाईं।

"दीदी, इसे कहां रखें?"

"स्टूल यहां रखो और तुम दोनों उधर खड़ी हो जाओ," स्वाती बोली।

दोनों के खड़े होते ही स्वाती बोली, "अब तुम दोनों आंखें बंद कर लो और मेरे साथ एक मंत्र पढ़ो।"

"हमें तो कोई मंत्र नहीं आता," दोनों बहनें एक साथ बोल उठीं।

"मंत्र तो मैं बता रही हूं न। तुम दोनों पहले आंखें बंद करो।"

"लीजिए, हमने आंखें बंद कर लीं।"

"जब मैं कहूंगी तभी खोलना, समझ गईं न।" स्वाती ने हिदायत दी।

"हां ठीक है। आप मंत्र बताइए," सोनल बोली।

स्वाती ने मंत्र बताया—

"चमक के दमको,
दमक के चमको,
बनकर हीरा तुम।"

सोनल और मीनल आंखें बंद किए खड़ी थीं।

स्टूल पर कांच का वह टुकड़ा रखते हुए स्वाती बोली, "अब तुम लोग मंत्र दोहराओ।"

दोनों बहनों ने बिना अटके मंत्र दोहरा दिया—

"चमक के दमको,
दमक के चमको,
बनकर हीरा तुम।"

"अब आंखें खोलो।"

"अरे वाह!" सोनल के मुंह से निकला।

"मेरा प्यारा हीरा!" कहती हुई मीनल स्टूल की ओर लपकी। "मेरा हीरा फिर से चमकने लगा!" हीरा उठाकर खुशी से उछलती हुई वह अंदर की ओर भागी।

"मम्मी देखो, मेरे हीरे की चमक वापस आ गई," कहते-कहते चहकती हुई मीनल ने अपनी मुट्ठी खोल दी।

लेकिन यह क्या? मुट्ठी खोलते ही उसके चेहरे की खुशी गायब हो गई। हथेली पर रखा कांच का तिकोना टुकड़ा अब चमक नहीं रहा था।

"यह कैसे हो सकता है? अरे! इसकी चमक तो फिर से गायब हो गई," रुआंसी-सी होकर मीनल बोली।

"अरे! ये हीरा अब चमक क्यों नहीं रहा?" अंदर आती हुई सोनल भी आश्चर्य से मीनल की हथेली की ओर देख रही थी।

"इसलिए कि यह हीरा नहीं है, सोनल," स्वाती बोली।

"क...क्या...क्या मतलब?"

"यह हीरा नहीं, प्रिज्म है।"

"प्रिज्म? प्रिज्म क्या होता है?" सोनल ने पूछा।

"सोनल, प्रिज्म पारदर्शी कांच का एक तिकोना टुकड़ा होता है।" स्वाती ने सोफे पर बैठते हुए समझाया।

"दीदी, अगर यह कांच का टुकड़ा प्रिज्म या जो भी है, तो फिर यह जरा देर पहले बाहर हीरे की तरह क्यों चमक रहा था?" सोनल की जिज्ञासा शांत नहीं हुई थी।

"सोनल, आज से बहुत समय पहले एक महान वैज्ञानिक हुए थे,

सर आइजक न्यूटन। सर न्यूटन ने सबसे पहले यह सिद्ध किया था कि सूर्य का प्रकाश जो हमें सफेद दिखाई देता है, वह वास्तव में सात रंगों से मिलकर बना होता है।"

"अरे!" मीनल के मुंह से निकला।

"सचमुच, दीदी?" सोनल की आंखों में आश्चर्य तैर रहा था।

"हां सोनल, इसी प्रिज्म की सहायता से सर न्यूटन ने दुनिया के सामने अपना यह सिद्धांत सिद्ध कर दिखाया था। वही प्रयोग हम लोग अभी-अभी बाहर करके आए हैं," स्वाती ने बताया।

"लेकिन दीदी, आपने तो मंत्र पढ़कर इसे हीरा बनाया था।" मीनल अभी भी संतुष्ट नहीं थी।

"मीनल, वो तो मैंने तुम्हें बहलाने के लिए यूंही एक कविता रच ली थी। चलो, बाहर धूप में चलकर इसी प्रयोग को बिना मंत्र के फिर से करते हैं।" स्वाती दोनों बहनों को लेकर बाहर आ गई।

"तुम दोनों देखो, धूप की किरणें उधर से आ रही हैं। अब हम अपना प्रिज्म यहां रखते हैं," कहते हुए स्वाती ने प्रिज्म पुनः स्टूल पर रख दिया।

"अरे वाह! ये तो फिर से हीरा बन गया!" मीनल चहक उठी।

"नहीं मीनल, यह हीरा नहीं बना है।"

"तो फिर इसमें से इतने सारे रंग कैसे निकल रहे हैं?" मीनल ने पूछा।

"तुम अभी बहुत छोटी हो, मीनल। अब तुम्हें कैसे समझाऊं?" स्वाती दुविधा में थी कि इतनी छोटी बच्ची को कैसे समझाए।

"दीदी, मुझे समझ में आ रहा है। आप बताइए न।" सोनल की जिज्ञासा चरम पर पहुंच गई थी।

"सोनल, सूर्य का प्रकाश जब एक माध्यम से दूसरे माध्यम में जाता है तो वह अपने रास्ते से विचलित हो जाता है, यानी हट जाता है। यह प्रकाश का एक गुण है। इसे 'अपवर्तन' कहते हैं। इसी अपवर्तन के कारण तुम्हें इतने रंग दिखाई देते हैं।" स्वाती ने समझाया।

"दीदी, ये रंग तो बिलकुल इंद्रधनुष की तरह सुंदर लग रहे हैं," मीनल चहकी।

"तुम ठीक कह रही हो, मीनल। सूर्य का सफेद प्रकाश जब प्रिज्म के बाहर निकलता है, तो उसके सातों रंग अपने अलग-अलग कोणों पर विचलित होने के कारण अलग-अलग दिखाई देने लगते हैं। रंगों की इस पट्टी को ही विज्ञान की भाषा में 'वर्णक्रम' या 'स्पेक्ट्रम' कहते हैं।"

"दीदी, इसे हम धूप में कभी भी कर सकते हैं?" सोनल ने पूछा।

"हां, कर सकती हो। लेकिन पहले यह बताओ कि इंद्रधनुष में कौन-कौन से रंग होते हैं?"

"लाल, बैंगनी...," मीनल बोली।

"हरा, पीला, नीला...," सोनल याद करने लगी।

"नारंगी और जामुनी," स्वाती ने पूरा कर दिया और पूछा, "अब देखो इस प्रिज्म में से कौन-कौन से रंग निकल रहे हैं?"

"बैंगनी, जामुनी, नीला, हरा, पीला, नारंगी और लाल रंग। अरे, ये तो इंद्रधनुष के ही सात रंग हैं!" सोनल आश्चर्य के साथ बोली।

"बिलकुल सही कह रही हो। लाल रंग की किरण सबसे कम विचलित होती है, इसलिए वर्णक्रम में लाल रंग सबसे ऊपर है। और बैगनी रंग की किरण सबसे ज्यादा विचलित होती है इसीलिए बैगनी रंग सबसे नीचे है। और इन दोनों रंगों के बीच में बाकी पांच रंग रहते हैं," स्वाती बोली।

"दीदी, आपने एकदम ही नई जानकारी दी है। कल हम इस नए ज्ञान और प्रिज्म की सहायता से स्कूल में जादूगरनी बनकर दिखाएंगे," सोनल बोली।

"अच्छा नन्ही जादूगरनी, अब अंदर चलें?"

दोनों बहनें आनंद और स्नेह से स्वाती का हाथ पकड़कर मुस्कराती हुई अंदर चल पड़ीं।

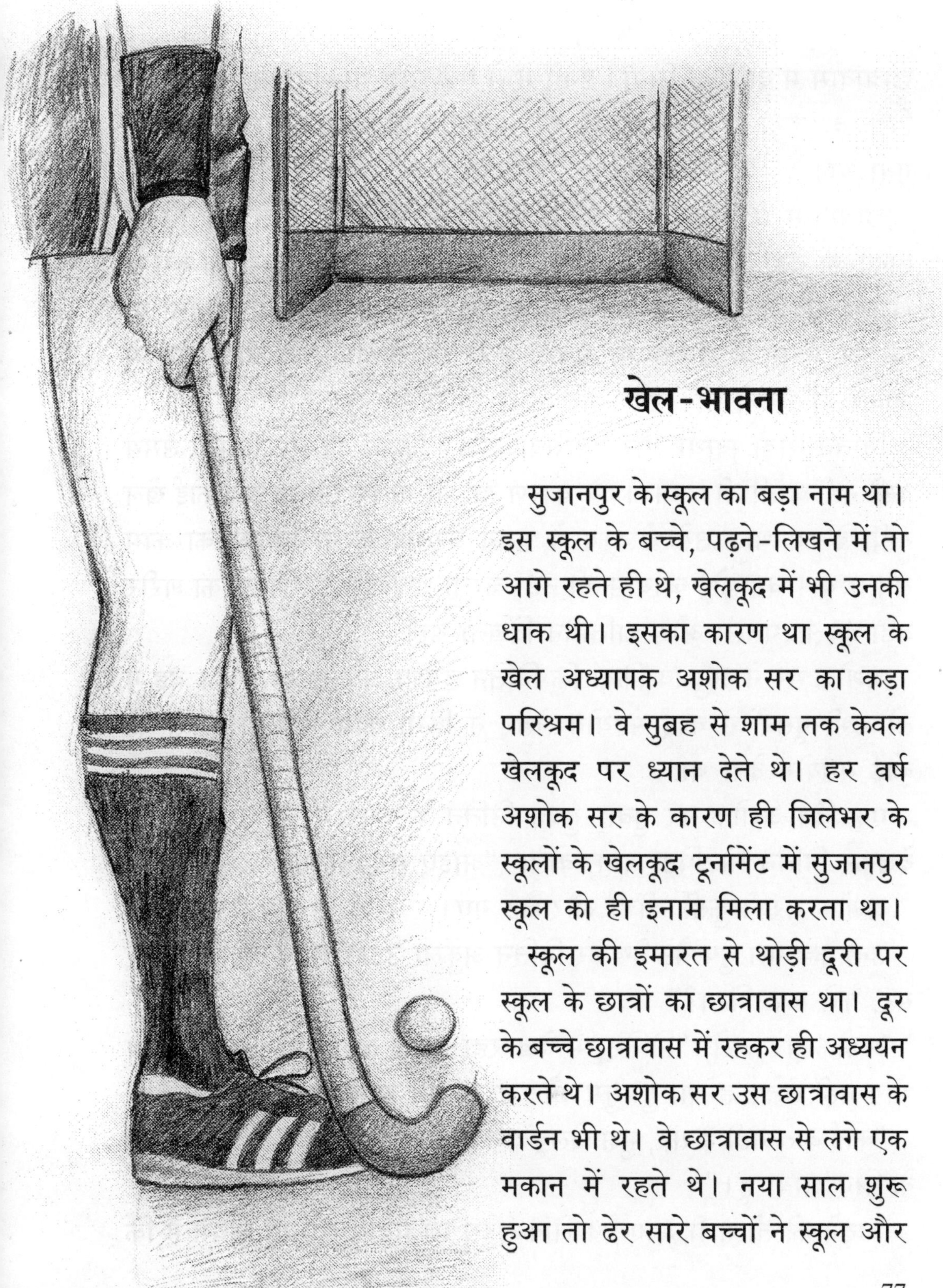

खेल-भावना

सुजानपुर के स्कूल का बड़ा नाम था। इस स्कूल के बच्चे, पढ़ने-लिखने में तो आगे रहते ही थे, खेलकूद में भी उनकी धाक थी। इसका कारण था स्कूल के खेल अध्यापक अशोक सर का कड़ा परिश्रम। वे सुबह से शाम तक केवल खेलकूद पर ध्यान देते थे। हर वर्ष अशोक सर के कारण ही जिलेभर के स्कूलों के खेलकूद टूर्नामेंट में सुजानपुर स्कूल को ही इनाम मिला करता था।

स्कूल की इमारत से थोड़ी दूरी पर स्कूल के छात्रों का छात्रावास था। दूर के बच्चे छात्रावास में रहकर ही अध्ययन करते थे। अशोक सर उस छात्रावास के वार्डन भी थे। वे छात्रावास से लगे एक मकान में रहते थे। नया साल शुरू हुआ तो ढेर सारे बच्चों ने स्कूल और

छात्रावास में दाखिला लिया। इन्हीं में से एक छात्र था–नितिन। नितिन के पिता दूर कहीं नौकरी करते थे, इस कारण नितिन को छात्रावास में रखा गया था।

छात्रावास में किसन ऐसा लड़का था जिसे सब प्यार करते थे। किसन हाकी का बड़ा अच्छा खिलाड़ी था। वह सेंटर फारवर्ड खिलाड़ी के रूप में खेलता था। एक बार उसे गेंद मिल जाए तो गेंद लेकर वह ऐसा दौड़ता था कि पूरे मैदान में चकरी-सा घूमता नजर आता था। गेंद सीधे गोल में जाकर ही रुकती थी। पढ़ने-लिखने में भी किसन खूब होशियार था।

नितिन थोड़ा स्वार्थी और हेकड़ीबाज था। किसन की लोकप्रियता उससे देखी नहीं जाती थी। इसका एक कारण यह भी था कि नितिन खुद कोई खेल नहीं खेलता था। उसे खेलकूद में समय बरबाद करना फिजूल का काम लगता था। वह कोई व्यायाम भी नहीं करता था। इस कारण उसका शरीर बड़ा दुबला-पतला और कांतिहीन दिखता था।

अशोक सर ने अनुभव किया कि नितिन हमेशा अकेला रहता है। वह न तो कभी दूसरों से कोई सहयोग लेता, न किसी काम में कभी दूसरों को कोई सहयोग देता था।

एक दिन अशोक सर सुबह-सुबह नितिन के कमरे में जा धमके। उन्हें देखकर नितिन सिटपिटा गया, बोला, "आइए सर, बैठिए।"

अशोक सर ने कुर्सी खींची और बैठ गए।

उन्हें कुछ पल चुप बैठे देखकर नितिन अकुला उठा। कहने लगा, "कहिए सर, कैसे कष्ट किया?"

अशोक सर बोले, "नितिन, मैं देख रहा हूं कि तुम कभी किसी खेल में भाग नहीं लेते। हमेशा गुमसुम और उदास बने रहते हो। क्या बात है?"

"कोई बात नहीं है सर, मुझे खेलकूद में दिलचस्पी नहीं है। मैं केवल पढ़ने के लिए आया हूं।"

"पढ़ने को तो सभी आए हैं। लेकिन इस छात्रावास का यह नियम है कि

हर छात्र को किसी न किसी खेल में भाग लेना पड़ता है। मैं चाहता हूं कि तुम हाकी खेलना सीख जाओ।"

"नहीं सर, मुझे हाकी से बहुत डर लगता है। तेज भाग-दौड़ में कभी लकड़ी की हाकी किसी को अगर गलती से भी लग जाए तो गहरी चोट आ जाएगी।"

"अरे नादान, यही सोचते रहोगे तो तुम्हें सड़क पर चलने में भी डर लगेगा। क्योंकि तुम डरते रहोगे कि पता नहीं कौन-सी गाड़ी तुम्हें कब कुचल दे।" यह कहते हुए अशोक सर उठे और जाते-जाते नितिन से बोले, "तुम आज शाम को करीब पांच बजे सामनेवाले मैदान में आ जाना।"

नितिन दिनभर सोचता रहा, फिर सिर्फ खेल देखने के इरादे से मैदान में पहुंच गया। अशोक सर ने पूरी टीम से उसका परिचय कराया, पर वह रूखेपन से सबसे हाथ मिलाता रहा। पहले दिन सर ने नितिन को गोलकीपर बनाकर खड़ा कर दिया। खड़ा-खड़ा वह खेल देखने लगा तो धीरे-धीरे उसे मजा आने लगा।

अगले दिन उसने सर से कहा कि वह गोलकीपर नहीं बनना चाहता, फील्ड में रहना चाहता है। सर ने उसे दाईं तरफ के हिस्से में खड़ा कर दिया। उस दिन उसने थोड़ी-बहुत भाग-दौड़ की और एक-दो बार उसने हाकी से गेंद को इधर-उधर घुमाया भी। उसे बड़ा मजा आया। उसने अनुभव किया कि हाकी के खेल में सबका ध्यान सेंटर फारवर्ड खिलाड़ी पर रहता है। उसकी भी इच्छा हुई कि वह सेंटर फारवर्ड खेले।

सुबह उसने अशोक सर को अपनी इच्छा बताई तो शाम को उन्होंने सेंटर फारवर्ड खेल रहे किसन को हटाकर नितिन को वहां खड़ा कर दिया। नितिन को जब भी गेंद मिलती वह किसी की तरफ पास न देता, खुद ही खेलता रहता। इस पर नितिन की टीमवालों ने उसकी ओर गेंद बढ़ाना बंद कर दिया। उस दिन उसे कई बार गेंद को लेकर आगे बढ़ने के मौके मिले, हर बार उसने देखा कि टीम का कोई न कोई खिलाड़ी उससे गेंद छीन लेता था।

जबसे नितिन ने खेलना शुरू किया, उसे रोज गहरी थकान हो जाती थी। पर उस रात वह कुछ ज्यादा ही थक गया। इस थकान में उसके मन का यह दर्द भी शामिल था कि उसकी टीम के लोग उसे गेंद क्यों नहीं देते थे।

संयोग से अगले दिन उसे एकाएक खूब ठंड महसूस होने लगी और तेज बुखार आ गया। अशोक सर ने डाक्टर को बुलाकर चेकअप कराया तो पता लगा कि नितिन को मलेरिया हो गया है। नितिन यह सुनकर घबरा गया और अपने पापा को सूचना देने का अनुरोध करने लगा। इस पर अशोक सर ने कहा, "उन्हें परेशान करने की कोई जरूरत नहीं है, तुम्हारे साथी सब संभाल लेंगे।"

सचमुच, कमाल हो गया! उसके साथ हाकी खेलनेवाले सभी लड़के एक साथ उसके कमरे में आ धमके और उसे दिलासा देने लगे कि वह चिंता न करे, सब ठीक हो जाएगा। फिर वे लोग हँसी-मजाक करने लगे।

तीन दिन तक बुखार में पड़े-पड़े उसने देखा कि बारी-बारी से दो-दो लड़के हर वक्त उसके कमरे में रहते थे। उसे दवाई देने से लेकर उसे टायलेट तक ले जाने में उन लोगों ने पूरी मदद की। शुरू में उसे संकोच हुआ, पर बाद में वह उनकी मदद लेने लगा।

इन तीन दिनों में, उसकी सभी खिलाड़ियों से पक्की दोस्ती हो गई थी।

बुखार ठीक हुआ तो नितिन का तो मानों नया ही जन्म हो गया, यानी कि अब नितिन की पुरानी आदतें दूर हो गई थीं। वह अकेला रहने के बजाय दूसरों के साथ ज्यादा रहता। किसी के प्रति अब उसके मन में नफरत न थी। बल्कि वह किसन जैसा बनना चाहता था–अच्छा खिलाड़ी और लोकप्रिय छात्र।

जब वह पूरी तरह स्वस्थ हो गया, तो उसने हाकी सीखना शुरू कर दिया। अब यदि उसके हाथ गेंद लग जाती तो वह दूसरों को पास दे देता, दूसरे भी उसे पास दे देते। वह समझ गया था कि हर खेल में कोई अकेला

खिलाड़ी कुछ नहीं कर सकता, पूरी टीम ही मिलजुलकर जीतती है।

स्कूल के वार्षिकोत्सव में बड़ी अच्छी घटना हुई। स्कूल की दो टीमें बन गई थीं और दोनों के बीच हाकी का मैच रखा गया था। अशोक सर पुराने छात्रों की टीम के कप्तान बने थे, जबकि किसन नए छात्रों की टीम का कप्तान था। इस मैच में अशोक सर की टीम हार गई।

नितिन की टीम जीत गई थी, पर वह अशोक सर की प्रतिक्रिया जानना चाहता था। इसलिए उसने सर से कहा, "सॉरी, सर!"

अशोक सर हँसकर बोले, "काहे की सॉरी? देखो नितिन, खेल में हार-जीत का कोई महत्व नहीं होता, बल्कि खेल में भाग लेना महत्वपूर्ण होता है। हर खेल को खेल-भावना से खेलना चाहिए। केवल जीतने या हारने के लिए नहीं।"

नितिन को जैसे जीवन की नई दिशा मिल गई थी। वह सोच रहा था कि खेल-भावना को केवल खेल ही तक क्यों सीमित रखा जाए। जिंदगी का हर दिन वह इसी भावना से बिताना चाहता था।

और इसी चाहत का नतीजा था कि एक वर्ष बाद जब नितिन के पापा उसे लेने आए तो नितिन बिलकुल बदल चुका था। वह अब पहले जैसा स्वार्थी, हेकड़ीबाज, अकड़ू और एकाकी नितिन न था, बल्कि खूब बोलनेवाला और अत्यंत लोकप्रिय नितिन उनके सामने था। खेल का यही तो अच्छा परिणाम होता है!

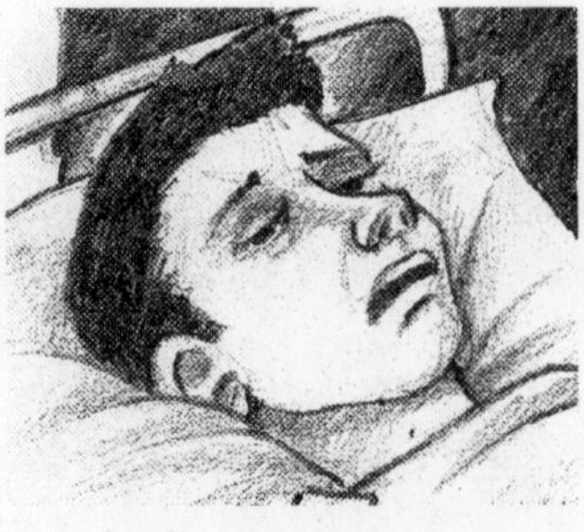

मेहनत रंग लाती है

रामपुर में खेल का एक मैदान था। मैदान में हरी-हरी घास बिछी हुई थी। मैदान में चारों ओर अनेक प्रकार के वृक्ष थे। ये वृक्ष मैदान की सुंदरता में चार चांद लगा रहे थे।

सुबह होते ही रामपुर के लोग वहीं घूमने के लिए आ जाते थे। वे लोग मैदान के चारों ओर चक्कर लगाते थे। कोई टहलते, तो कोई दौड़ते हुए दिखाई पड़ता था।

एक दिन मैदान में एक नया लड़का आया। वह व्यायाम करने का बड़ा शौकीन था। उस लड़के का नाम सुधीर था। सुधीर बीच मैदान में जा पहुंचा। उसने अपना शर्ट निकालकर जमीन पर रख दिया। इसके बाद वह दंड-बैठक लगाने लगा। वह लगातार दंड-

बैठक लगाता रहा। उसने रुकने का नाम नहीं लिया। इतने में उसके पास एक व्यक्ति आकर खड़ा हो गया। उसने सुधीर पर निगाह दौड़ाई, तो सुधीर पसीने से तरबतर दिखाई पड़ा। उसे देखकर वह व्यक्ति दंग रह गया। उस व्यक्ति ने मन में सोचा, 'बड़ा बहादुर लड़का है। इतनी देर से दंड-बैठक लगा रहा है, लेकिन रुकने का नाम नहीं। यह आगे चलकर जरूर कोई न कोई रिकार्ड बनाएगा।'

बड़ी देर बाद सुधीर ने दंड-बैठक लगाना बंद किया। उसने लगातार दो सौ बैठक लगाए थे। उसके रुकते ही उस व्यक्ति ने सुधीर से प्रश्न किया, "बड़े हिम्मतवाले हो तुम। मैं जानना चाहता हूं कि तुम रामपुर में रहते कहां हो?"

सुधीर ने उस व्यक्ति को गौर से देखा। वह अधेड़ उम्र का व्यक्ति था, इसलिए सुधीर ने उसे अंकलजी कहना बेहतर समझा। "अंकलजी," सुधीर ने उसकी आंखों में देखते हुए कहा, "मेरा नाम सुधीर है। मैं चौक में रहता हूं। मेरे पापा 'विक्रय कर' कार्यालय में क्लर्क हैं। मुझे व्यायाम करने का बहुत शौक है, इसीलिए आज 'जिम' जाने के बजाय में यहां चला आया।"

"तुमने गलत किया, बेटे।" उस व्यक्ति ने सुधीर के और करीब पहुंचते हुए कहा, "तुम्हें जिम जाना चाहिए था। क्योंकि जिम न जाने से तुम्हारी मांसपेशियां ढीली होने लगेंगी। फिर कभी ऐसा मत करना, लगातार जिम जाना। मैं तुम्हें यहां आने से मना नहीं कर रहा हूं। तुम यहां जरूर आओ, लेकिन घूमने के मकसद से।"

"ठीक है अंकलजी, मैं शाम को जिम चला जाऊंगा। इससे मेरी मांसपेशियां ढीली नहीं होंगी। आप मेरी फ्रिक मत कीजिए। पहले आप अपना परिचय बताइए," सुधीर ने उस व्यक्ति से कहा।

"मेरा नाम रविशंकर है। मैं बच्चों को क्रिकेट खेलने का प्रशिक्षण देता हूं। मेरे सिखाए हुए कई लड़के आज देश-विदेश में अपना नाम रोशन कर रहे हैं।" रविशंकर ने सुधीर की बात का जवाब दिया।

"क्रिकेट में मेरी भी रुचि बहुत है। मैं चाहता हूं कि आप मुझे भी प्रशिक्षण दें, ताकि मैं भी आगे चलकर देश-विदेश में अपना नाम रोशन कर सकूं," सुधीर ने कहा।

"मैं बच्चा देखकर अंदाजा लगा लेता हूं कि बच्चा कितना होनहार है।"

"अंकलजी, मुझे देखकर आपको क्या लगता है?"

"यही, कि तुम कामयाब नहीं हो सकते।"

"क्यों?"

"क्योंकि तुम्हारे इरादे अटल नहीं है।"

"बस कीजिए, मिस्टर रविशंकर," सुधीर ने जोश में आकर कहा,

"मैं हारनेवालों में से नहीं हूं। मुझे मुश्किलों का सामना करने में बड़ा मजा आता है। मैंने प्रण किया है कि मैं क्रिकेटर बनकर रहूंगा। अंतर्राष्ट्रीय स्तर तक अपने खेल का जौहर दिखाऊंगा। मुझे क्रिकेटर बनने से कोई नहीं रोक सकता। आप प्रशिक्षण नहीं देंगे तो क्या मुझे प्रशिक्षण नहीं मिलेगा? मैं प्रशिक्षण लेकर रहूंगा और एक दिन आपको क्रिकेटर बनकर ही दिखाऊंगा, ताकि आगे से आप फिर किसी बच्चे के बारे में गलत भविष्यवाणी न कर सकें।"

सुधीर का हौसला देखकर रविशंकर को आश्चर्य हुआ। लेकिन उसने सुधीर के कामयाब न होने की जो बात कही थी वह बात सुधीर के दिमाग में लगातार घूमती रही। अब एक क्रिकेटर बनना ही उसके जीवन का मकसद था।

सुधीर अपने घर आया। "लोग भी न जाने क्या-क्या अनुमान लगा लेते हैं। लेकिन उनका अनुमान गलत भी तो हो सकता है।" वह मन ही मन बड़बड़ाया।

"क्या हुआ, बेटे?" सुधीर के पापा ने उससे पूछा।

"पापाजी, आज मैदान में मुझे एक महाशय मिले। उन्होंने मुझसे कहा कि तुम क्रिकेटर नहीं बन सकते।" उसने अपने मन की बात अपने पिता को बताई।

"बेटा, तुमने उनकी बात का क्या जवाब दिया?"

"मैंने कहा कि मुझे क्रिकेटर बनने से कोई नहीं रोक सकता। मैं सारी दुनिया को अपने खेल का जौहर दिखाऊंगा।"

"तुमने सही जवाब दिया बेटा, तुम उस आदमी की बात कभी मत भूलना। यही उचित समय है। तुम पूरी हिम्मत और लगन से प्रशिक्षण प्राप्त करो। तुम्हें पैसे की कोई दिक्कत नहीं होने दूंगा मैं। ईश्वर का नाम लेकर जुट जाओ अपने अभ्यास में।"

रामपुर में जो सबसे मंहगा प्रशिक्षक था सुधीर ने उसी से प्रशिक्षण लेना

आरंभ कर दिया। प्रशिक्षक सुधीर को बड़ी बारीकी से क्रिकेट का प्रशिक्षण देने लगा।

धीरे-धीरे छह महीने बीत गए। अब सुधीर ने कुछ लड़कों को लेकर एक टीम बना ली। यह टीम प्रशिक्षक के कहे अनुसार बनाई गई थी। एक दिन उन्होंने दो टीमों के बीच अभ्यास मैच करवा दिया। एक टीम का नेतृत्व सुधीर कर रहा था और दूसरी टीम का नेतृत्व विकास कर रहा था।

मैच में सुधीर ने अपने लाजवाब खेल का प्रदर्शन किया जिसे लोगों ने बहुत सराहा। उसके शानदार प्रदर्शन की बदौलत उसकी टीम ने विजय प्राप्त की। इस विजय से सुधीर का हौसला और बढ़ गया था। टीम का प्रदर्शन देखकर प्रशिक्षक को बड़ी खुशी हुई। उसने अगले रविवार को एक और मैच का आयोजन किया। इस मैच में सुधीर की टीम का मुकाबला एक सीनियर टीम से था।

रविवार के दिन मैच आरंभ हुआ। सुधीर ने टास जीता। उसने पहले बल्लेबाजी करने का फैसला लिया। उसकी टीम के दो सलामी बल्लेबाज क्रीज पर पहुंचे। दोनों ने धमाकेदार शुरुआत की। पांच ओवर तक उन्होंने बड़ी तेजी से रन बनाए। उसके बाद वे संभलकर खेलने लगे। इस दौरान एक बल्लेबाज आउट होकर पेविलियन लौट गया।

दूसरा बल्लेबाज मैदान पर आया। वह भी पहली गेंद पर आउट होकर पेविलियन चला गया। उसके आउट होने से विपक्षी टीम के हौसले बुलंद हो गए थे। तीसरा बल्लेबाज क्रीज पर पहुंचा। उसने आते ही अपने आक्रामक मूड का परिचय दिया। उसने तीन गेंदों पर तीन छक्के लगाए। इससे विपक्षी टीम के खेमे में खलबली मच गई। गेंदबाजी में परिवर्तन किया गया। नए गेंदबाज ने बल्लेबाजों को आउट करने में अपनी पूरी ताकत लगा दी, लेकिन वह असफल रहा।

दोनों बल्लेबाज जमकर खेल रहे थे। उनके बीच सौ रनों की साझेदारी हो चुकी थी। उनकी टीम का स्कोर 180 रन हो गया था। अभी दस ओवर

फेंके जाने बाकी थे। बल्लेबाज रनों की गति निरंतर बढ़ाते जा रहे थे। जब स्कोर दो सौ रन पार कर गया तब तीसरी विकेट गिरी। सुधीर नए बल्लेबाज के रूप में क्रीज पर आया। उसने चौकों और छक्कों की बौछार कर दी। उसने अपनी टीम के स्कोर को 270 रन तक पहुंचा दिया और वह 60 रनों पर नाबाद रहा।

लंच के बाद, विपक्षी टीम मैदान में बल्लेबाजी करने उतरी। उसके दो सलामी बल्लेबाज क्रीज पर आए। दोनों ने बड़ी सूझबूझ का परिचय दिया। दस ओवर पूरे हो गए, लेकिन उनका कोई विकेट नहीं गिरा। जिस तरह से अच्छी गेंदबाजी हो रही थी उसी तरह से बल्लेबाजी भी हो रही थी।

विपक्षी टीम ने कुल मिलाकर अब तक 80 रन बना लिए थे। उनके सभी विकेट सुरक्षित थे। नए ओवर की शुरुआत हुई। इस ओवर की पहली गेंद पर पहला विकेट गिरा। यह विपक्षी टीम के लिए एक बड़ा आघात था। उसके बाद तो बल्लेबाजों के आने और जाने का सिलसिला शुरू हो गया। एक-एक करके सभी आउट होते गए। इस तरह विपक्षी टीम ताश के पत्तों की तरह ढह गई। सुधीर ने अच्छी गेंदबाजी करते हुए सात विकेट लिए। उसकी टीम 120 रनों से विजयी हुई। सुधीर को 'मैन आफ द मैच' का पुरस्कार मिला।

समय अपनी रफ्तार से आगे बढ़ता रहा। दिन महीनों में बदलते गए। देशभर में सुधीर के खेल की चर्चा होने लगी। उसके अच्छे रिकार्ड को देखते हुए उसे भारतीय टीम में शामिल कर लिया गया। यह सुधीर और उसके घरवालों के लिए अत्यंत खुशी का दिन था। इस खुशी में सुधीर ने अपने मुहल्ले में मिठाई बंटवाई। अंत में वह मिठाई का एक पैकेट लेकर उस प्रशिक्षक के घर गया जो उसे उस दिन मैदान में मिला था और जिसने कहा था कि सुधीर क्रिकेटर नहीं बन सकता।

"मुझे भारतीय टीम में चुन लिया गया है।" सुधीर ने प्रशिक्षक के पास पहुंचकर उसे सूचना दी।

"बधाई हो! बहुत-बहुत बधाई हो!" प्रशिक्षक ने खुशी जाहिर करते हुए कहा।

"पहले आप अपना मुंह मीठा कीजिए।" इतना कहकर सुधीर ने उसके हाथ में मिठाई का पैकेट पकड़ा दिया।

प्रशिक्षक ने सुधीर को अपने गले से लगा लिया।

"आप तो कहते थे, मैं क्रिकेटर नहीं बन पाऊंगा," सुधीर ने कहा।

"वो बात मैंने सोच-विचारकर इसलिए कही थी, ताकि तुम मेहनत करो, आगे बढ़ो और मेरी बातों को गलत साबित कर सको। मेरी उन्हीं बातों की वजह से तुमने क्रिकेटर बनने की ठान ली। आज तुम कामयाब हो गए हो। इस बात की मुझे बेहद खुशी है। ईश्वर करे, देश का हर बच्चा इसी तरह से आगे बढ़े," प्रशिक्षक ने जवाब दिया।

और अपहरण नहीं हुआ

समुद्र के किनारे बसे कालिंदी नामक स्थान में यह परमाणु संस्थान स्थापित था। यहां पर वैज्ञानिक परमाणु-शक्ति से संबंधित खोज में लगे रहते थे। परमाणु-शक्ति का प्रयोग शांतिमय कार्यों में कैसे और कहां-कहां हो सकता है, इस पर शोध चलता रहता था। अधिकतर वैज्ञानिकों को संस्थान में ही आवास मिले हुए थे, परंतु संस्थान में आवास की कमी के कारण बाकी वैज्ञानिक संस्थान से पच्चीस किलोमीटर दूर श्यामपुर में किराए के मकानों में रहते थे। सुबह छह बजे संस्थान की वैन उन्हें लेने आ जाती थी। शाम छह बजे उसी वैन में सब वापस आ जाते थे।

परमाणु संस्थान के पच्चीस मील के

दायरे को जनविहीन रखा गया था, ताकि दुर्भाग्य से यदि कभी किसी मानवीय अथवा मशीनी त्रुटि से कोई दुर्घटना हो भी जाए तो विकिरण का प्रभाव लोगों पर न पड़ सके। श्यामपुर ही संस्थान से सबसे समीप का शहर था। अब श्यामपुर की सीमा पर संस्थान की ओर जानेवाली सड़क के किनारे एक बहुमंजिली इमारत बन रही थी। ठेकेदार वहां खड़ा मजदूरों से काम कराता दिखाई देता था। वैन में जा रहे वैज्ञानिकों को देखकर वह अकसर कहता, "ये इमारत सेवारामजी आप ही लोगों के लिए बनवा रहे हैं, किराया भी ज्यादा नहीं लेंगे।"

इमारत तेजी से बन रही थी। पचासों मजदूर दिन-रात काम में जुटे थे। अंततः छह माह में वह चार मंजिली इमारत बनकर तैयार हो गई। संस्थान के वैज्ञानिकों को भी वह स्थान संस्थान के ज्यादा नजदीक और सुविधाजनक लगा, क्योंकि श्यामपुर की सीमा पर स्थित होने के कारण दूरी चार-पांच किलोमीटर और कम हो गई थी।

तीन कमरों के इन हवादार फ्लैटों का किराया भी शहर के मकानों से कम था। इसलिए शहर में रहनेवाले संस्थान के वैज्ञानिक इसी इमारत में रहने आ गए। रंजन और विष्णु भी अपने-अपने माता-पिता के साथ वहां आ गए। बालकनी में खड़े होकर जब वे लोग दूर-दूर तक फैली हरियाली को देखते तो उन्हें बड़ा भला लगता। कभी-कभी दोनों ऊपर जाकर छत से भी चारों ओर का दृश्य देखते।

इमारत की ऊपर की मंजिल के दोनों फ्लैट मालिक सेवाराम ने अपने पास रखे थे। वे चुप रहनेवाले बेहद गंभीर किस्म के इनसान थे। न किसी से बोलते और न ही किसी के घर जाते।

एक फ्लैट में सेवाराम स्वयं रहते थे। वे वहां अकेले ही रहते थे। उन्होंने बताया कि उनका परिवार तीन माह के लिए विदेश गया है। वहां उनकी पत्नी का भाई रहता है। अपने सामनेवाला फ्लैट भी सेवाराम ने किराए पर नहीं चढ़ाया था। उन्हें उम्मीद थी कि उनकी पत्नी का

भाई शायद भारत वापस आ जाए और फिर यहां रहे।

सेवाराम गंभीर प्रकृति के थे। फ्लैट में किसी से ज्यादा बात नहीं करते थे। खामोशी से सीढ़ियां उतरते और चुपचाप चले जाते। स्त्रियां कहतीं, "ऐसा शरीफ मकान मालिक भला मिल सकता है आज के जमाने में? किराए का भी तकाजा नहीं करते। जब मर्जी बैंक में जमा कर दो। किराया भी बैंक के मार्फत ही लेते हैं।"

एक दिन रंजन और विष्णु छत पर जा रहे थे। सेवाराम अपने दरवाजे के बाहर कील ठोक रहे थे। रंजन और विष्णु की ओर उनकी पीठ थी। तभी वे बोले, "सर्दियों में भी तुम लोग आइसक्रीम खाते हो?"

रंजन ने जरा आश्चर्य से पूछा, "आपने बिना पीछे देखे कैसे जान लिया अंकल, कि हम आइसक्रीम खा रहे है?"

"वो ऐसे ही, मुझे खुशबू आ गई थी," सेवाराम बोले।

छत पर जाकर विष्णु बोला, "रंजन, मैंने पहले भी एक-दो बार यह बात नोट की है। सेवारामजी अपनी पीठ पीछे हो रही घटना को बिना मुड़े ही जान लेते हैं। एक दिन वे सड़क पर खड़े थे, उनके पीछे मैं था। मैंने जैसे ही जेब से पेन निकाला वे बोले, 'बड़ा सुंदर पेन है।' हैरानी तो यह है कि उन्होंने पीछे मुड़कर भी नहीं देखा था! ऐसा लगा जैसे इनके सिर के पीछे भी आंखें हैं जिससे इन्होंने सबकुछ जान लिया!"

"ये बात तो मैंने भी नोट की है, विष्णु," रंजन बोला, "वे एक दिन सीढ़ियां चढ़ रहे थे और मैं उनके पीछे चढ़ रहा था। मुझे कान में खुजली हुई तो मैं बस्ते से पेंसिल निकालकर कान खुजाने लगा। वे बिना मुड़े बोले, 'कान पेंसिल से क्यों खुजलाते हो?"

"मुझे तो सेवारामजी बड़े ही रहस्यमय आदमी लगते हैं। हम बच्चों से बेशक कभी बोल लें, पर घर किसी के नहीं जाते और न अपने घर किसी को बुलाते हैं। पता नहीं खाते-पीते क्या हैं? इनके हाथ में कभी कोई थैला तक तो देखा नहीं। कहते तो हैं कि इनका परिवार विदेश गया है, पर इन

तीन महीनों में इनके नाम एक भी पत्र नहीं आया है।"

"मुझे तो लगता है कि ये कोई गैरकानूनी धंधा करते हैं, तभी तो अपने घर भी किसी को नहीं आने देते। बाहर से ही टरका देते हैं। कहीं ये स्मगलर तो नहीं हैं? समुद्र यहां से केवल 25-30 किलोमीटर ही तो दूर है। शायद वहां से ये अपना तस्करी का धंधा चलाते हों।"

"हमें इनके रहस्य का पता लगाना चाहिए," विष्णु बोला, "ये कहां जाते हैं? क्या करते हैं? इनके घर में क्या है? चलो, अभी नीचे चलकर किसी बहाने से इनके घर चलते हैं।"

दोनों नीचे गए और सेवाराम का दरवाजा खटखटाया। कुछ ही देर में दरवाजा आधा खुला और सेवाराम सिर बाहर निकालकर रूखे स्वर में बोले, "क्या बात है?"

"अंकल, हमें प्यास लगी है," विष्णु बोला

"ठीक है, मैं पानी यहीं लाकर देता हूं।" दरवाजा उढ़काकर सेवाराम अंदर चले गए। उनके जाते ही विष्णु ने अर्थपूर्ण दृष्टि से रंजन की ओर देखा। रंजन ने दरवाजा जरा-सा खोलकर अंदर झांका। कमरे में दो-एक कुर्सी, टेबल रखे थे। अंदर से अजीब ढंग की हलकी-सी घूंऽ घूंऽ की आवाज भी आ रही थी। तभी रंजन को पदचाप सुनाई दी तो वह हौले से दरवाजा बंदकर पहले की तरह खड़ा हो गया। सेवाराम दो गिलास पानी लाए थे। उन्होंने दोनों को पानी दिया। पानी पीकर रंजन और विष्णु वापस आ गए।

रंजन बोला, "इनके घर के अंदर से बड़ी धीमी-सी घूंऽ घूंऽ की आवाज आ रही थी, जैसे कोई मशीन चल रही हो। कहीं जाली नोट छापने की मशीन तो नहीं है इनके पास?"

"पता नहीं, हम लोग तो यूंही अटकलें लगा रहे हैं। हो सकता है ये सब हमारा वहम हो और सेवारामजी एक भले इनसान हों।"

अगले दिन शाम को रंजन और विष्णु घर से कुछ दूर जाकर जंगली पत्ते

व फूल एकत्र कर रहे थे। उन्हें ये पत्ते सुखाकर अपनी स्कूल की फाइल में लगाने थे। दोनों झाड़ियों की ओट में थे। तभी विष्णु की नजर तेज कदमों से एक ओर जाते सेवाराम पर पड़ी। उसने तुरंत रंजन को कुहनी मारकर उस ओर इशारा किया। रंजन कुछ देर चुपचाप उन्हें जाते देखता रहा, फिर बोला, "वहां कहां जा रहे हैं सेवारामजी? सड़क तो इस ओर है? चलो, छिपकर उनका पीछा करते हैं।"

दोनों झाड़ियों और चट्टानों की ओट लेते हुए सेवाराम का पीछा करने लगे। सेवाराम एक ऊंची-सी चट्टान के पीछे चले गए। झाड़ियों का एक सिलसिला उस चट्टान तक चला गया था। दोनों घुटनों के बल चलते चट्टान के काफी समीप पहुंच गए। तभी सेवाराम ने इधर-उधर देखा और किसी को आसपास न पाकर जेब से एक छोटा-सा यंत्र निकालकर उसका एरियल जैसा तार खींचा और यंत्र में बोले, "मैं हूं थ्री-टू-वन...जी हां, पूरी तैयारियां हैं...इसी पूर्णिमा को शाम छह बजे सूरज ढलने के साथ ही मैं यहां से सभी वैज्ञानिकों के साथ रवाना हो जाऊंगा।" इतना कहकर सेवाराम ने तार वापस मोड़ा और यंत्र अपनी जेब में रख लिया। इसके बाद वे वहां से लौटने लगे। विष्णु और रंजन स्तब्ध बैठे थे।

विष्णु बोला, "ये सब क्या कह रहे थे सेवारामजी? उनकी बातों से तो लग रहा था जैसे वे वैज्ञानिकों का अपहरण करके किसी अनजान जगह ले जानेवाले हों!"

"और ये वैज्ञानिक शायद हमारी ही बिल्डिंग के हैं। क्योंकि सभी वैज्ञानिक और मेरे-तुम्हारे पिता भी अंतर्राष्ट्रीय ख्याति के हैं और परमाणु संबंधी खोजों में लगे हैं। शायद किसी और को अपने कामों के लिए उनकी जरूरत हो और वे इसीलिए उनका अपहरण करने की योजना बना रहे हों। मगर वे लोग कौन हैं इस बात का कैसे पता लगाया जाए? ये तो गहरा षड़यंत्र लगता है।"

"तुम ठीक कहते हो," विष्णु बोला, "मुझे तो लगता है कि सेवारामजी ने

ये बिल्डिंग बनाई ही इस उद्देश्य के लिए थी। मगर आठ-आठ वैज्ञानिकों का अपहरण करना कोई मजाक नहीं है। नीचे संस्थान का संगीनधारी चौकीदार रहता है। पुलिस चौकी भी पास ही है, फिर ये सब काम सेवारामजी करेंगे कैसे?"

"विष्णु, हमें जैसे भी हो सेवारामजी के घर की तालाशी लेनी चाहिए, शायद कोई सबूत हाथ लग जाए।"

"मगर किस तरह लेंगे तलाशी?" विष्णु बोला, "सेवारामजी जब भी बाहर जाते हैं, ताला बंद करके जाते हैं।"

"मुझे एक उपाय सूझा है। है तो वो खतरनाक, पर उसके बिना चारा भी कोई नहीं। छत से हम रस्सी के सहारे सेवारामजी के आंगन में उतर सकते हैं। शायद वहां दरवाजा खुला हो।"

"हां, ये तुमने ठीक सुझाया," विष्णु बोला, "चलो, अभी चलकर देखते हैं। सेवारामजी इस समय शहर जाते हैं और घंटेभर में लौटते हैं।"

योजना के अनुसार सेवाराम के जाने के बाद वे छत पर गए। रस्सी का एक छोर उन्होंने पानी की टंकी के साथ बांध दिया और दूसरा छोर सेवाराम के खुले आंगन में लटका दिया। इसके बाद बंदर की तरह फिसलते हुए वे सेवाराम के आंगन में उतर गए। उन्होंने दरवाजा खींचा तो उसे खुला देख वे खुश हो गए। कमरे में घूंऽ घूंऽ की आवाज आ रही थी। दोनों अंदर गए तो उनकी आंखें विस्मय से फैल गईं।

पूरे कमरे के क्षेत्रफल को घेरता एक गोल मशीनी उपकरण था। उसमें जगह-जगह स्क्रीन और डायलवाले यंत्र लगे थे। कई लाल बल्ब तेजी से जल-बुझ रहे थे। ऊपर की ओर कमरे की छत गुंबद के आकार की थी। लगता था यह जैसे कोई छोटा-सा मशीनी कमरा हो।

विष्णु हैरानी से बोला, "ये सब क्या है!"

"कहीं ये हवाईजहाज या राकेट या फिर कोई उपग्रह तो नहीं जिसमें बिठाकर सभी वैज्ञानिकों के अपहरण की योजना हो!"

"मगर कमरे के अंदर से हवाईजहाज या उपग्रह चल कैसे सकता है? और ये कमरे में आया कैसे?"

"सब हो सकता है," रंजन बोला, "ये इमारत स्वयं सेवारामजी ने बनवाई है। शायद यान का निर्माण कमरे के अंदर ही किया गया हो, या पहले कमरे में यान उतारा हो फिर छत डाली हो। मुझे तो लगता है सेवारामजी छद्म वेश में हैं, उनका असली रूप कुछ और ही है। उनकी आंखें कांच जैसी चमकदार और भावहीन लगती हैं। बिना मुड़े पीठ पीछे की चीजें भी उन्हें नजर आ जाती हैं। चलो अब, देर करना ठीक नहीं, कहीं सेवारामजी न आ जाएं। हमें संस्थान में फोन करके पिताजी को पहले ही सूचना दे देनी चाहिए। अभी शायद पूर्णमासी आने में 2-3 दिन हैं। चांद अभी पूरा गोल नजर नहीं आता।"

"फोन करना ठीक नहीं होगा," विष्णु बोला, "शाम को जब वे लोग आएंगे तो सभी बातें बता देंगे।"

इसके बाद विष्णु और रंजन रस्सी के सहारे जिस तरह नीचे आए थे उसी तरह वापस चले गए।

अगले दिन शाम को विष्णु और रंजन मैदान में अन्य लड़कों के साथ क्रिकेट खेलने लगे। खेलते-खेलते उन्हें काफी देर हो गई। जब वे घर वापस आए तो देखा बिल्डिंग की स्त्रियां नीचे घास के लान में बैठी थीं। विष्णु को देखकर विष्णु की मां मुस्कराकर बोली, "विष्णु, तुम तो कहते थे सेवारामजी कंजूस हैं, कभी किसी को चाय तक नहीं पिलाई। पर आज तो उन्होंने फ्लैट के सभी आदमियों को अपने घर जलपान के लिए आमंत्रित किया है, कह रहे थे कि आज उनका जन्मदिन है। अब सभी वहां बैठे चाय पी रहे हैं।"

रंजन और विष्णु ने एक-दूसरे की ओर प्रश्नवाचक दृष्टि से देखा। रंजन घबराकर बोला, "आज पूर्णमासी तो नहीं है?"

"हां है, क्यों?" रंजन की मां ने पूछा।

"फिर तो गजब हो गया।"

विष्णु और रंजन को जैसे बिजली का करंट लगा हो। वे तेजी से भागे और सीढ़ियां चढ़ने लगे। जब वे सेवाराम के फ्लैट के पास पहुंचे तो देखा सेवाराम दरवाजा बंद करने जा रहे थे। अचानक विष्णु चीखा, "अंकल, आप सब लोग बाहर आइए।"

"मगर तुम इस तरह चिल्ला क्यों रहे हो?" रंजन के पिता ने गुस्सेभरे स्वर में उन्हें डांटा।

"ओहो! बाहर तो आइए, ये देखिए, क्या अजीब चीज है।" विष्णु ने सभी वैज्ञानिकों को सेवाराम के घर से बाहर निकालने के लिए झूठ बोला। विष्णु की बात सुनकर सभी बाहर आ गए। सेवाराम भी आ गए।

अब रंजन बोला, "अंकल, आप लोग सेवारामजी के घर में मत घुसना। इन्होंने आप सबके अपहरण की योजना बनाई हुई है। इनके घर के दूसरे कमरे में उपग्रह जैसे आकार का एक यान है। उसमें बिठाकर ये आपका अपहरण करना चाहते हैं।"

"ये क्या पागलों की तरह बक रहे हो?" रंजन के पिता बोले।

"बक नहीं रहे अंकल, हम ठीक कह रहे हैं। ये आप सबका अपहरण करनेवाले हैं। इन्हें संदेश भेजते हमने अपने कानों से सुना है," विष्णु बोला।

सभी वैज्ञानिक उलझन में पड़े थे। तभी बिजली की तेजी से सेवाराम अपने घर की ओर भागे और दरवाजा बंद करके खिड़की से बोले, "मैं सचमुच तुम लोगों का अपहरण करना चाहता था, पर इन लड़कों ने सारी योजना चौपट कर दी।"

"पुलिस...पुलिस को फोन करो।" विष्णु के पिता चीखे तो खिड़की से एक खौफनाक हँसी गूंजी, "तुम्हारी पुलिस मेरा कुछ नहीं बिगाड़ सकती।" अचानक सेवाराम ने अपने चेहरे को नोंचा और खींचा। एक झिल्ली उतरकर उनके हाथ में आ गई। अब तो उनका जो स्वरूप दिखा उसे देख सभी वैज्ञानिकों के मुंह से आश्चर्यमिश्रित चीख निकल पड़ी! एक फुटबाल जैसी चीज थी सेवाराम के धड़ के ऊपर, उसमें दो गड्ढे थे। कांच की

गोलियों-सी चमकती दो आंखें थीं। नाक की जगह दो छोटी ट्यूब निकली हुई थीं। सिर पर बाल नहीं थे। सेवाराम के वेश में वो अजीब आकृति बोली, "मैं तुम्हारे ग्रह का नहीं हूं। 'जमीरा' ग्रह से आया हूं। अपने ग्रह में परमाणु परीक्षण जैसे शोध करने के लिए हमें पृथ्वी के वैज्ञानिकों की जरूरत है, पर इन दुष्ट लड़कों ने सब चौपट कर दिया।"

"अगर तुम जमीरा ग्रह के हो तो हिंदी बोलनी कैसे आती है तुम्हें? तुम वायरलेस जैसे यंत्र से भी अपने ग्रहवासियों के साथ हिंदी में बोल रहे थे, हमने अपने कानों से सुना था," विष्णु ने पूछा।

"हमारा विज्ञान इस मामले में तुम्हारे विज्ञान से बहुत आगे है। हम जिस भी क्षेत्र के वायुमंडल में प्रवेश करते हैं तो एक विशेष यंत्र द्वारा वहां की भाषा हमारे कंप्यूटरी दिमाग में अंकित हो जाती है, जो हमारे विचारों को तुरंत उस क्षेत्र की भाषा में बदल देती है। मेरी योजना असफल हुई इसलिए अभी तो मैं जा रहा हूं, पर जल्दी ही लौटूंगा। यहां नहीं तो किसी और देश में, और वैज्ञानिकों को अपने साथ अपने ग्रह ले जाऊंगा।" इतना कहकर वह अजीब आकृति गायब हो गई। तभी घूंऽ-घूंऽ की आवाज तेज हुई और फिर जोरदार विस्फोट की आवाज आई। इसके साथ ही छत खुल गई जिसमें से एक गोल यान तेजी से आकाश की ओर उड़ चला। सभी विस्मय से पल-पल छोटे होते उस यान को देख रहे थे।

अब विष्णु और रंजन ने सभी बातें उन लोगों को बताईं। दत्त बाबू बोले, "शाबाश बच्चो! तुमने तो सचमुच हम लोगों का अपहरण होने से बचा लिया। पर यदि तुम लोग हमारे कान में भी चुपके से इस घटना की जानकारी डाल देते तो जमीरा ग्रह का वो आदमी हमारे कब्जे में आ जाता और सौरमंडल के कई अनसुलझे रहस्य खोजने में सहायता मिलती। इतना विकसित विज्ञान होने पर भी उन्हें इस पृथ्वी के वैज्ञानिकों की जरूरत आखिर क्यों पड़ी?"

फिर हमें पूर्णमासी के दिन का भी ठीक-ठीक पता नहीं चल पाया।"

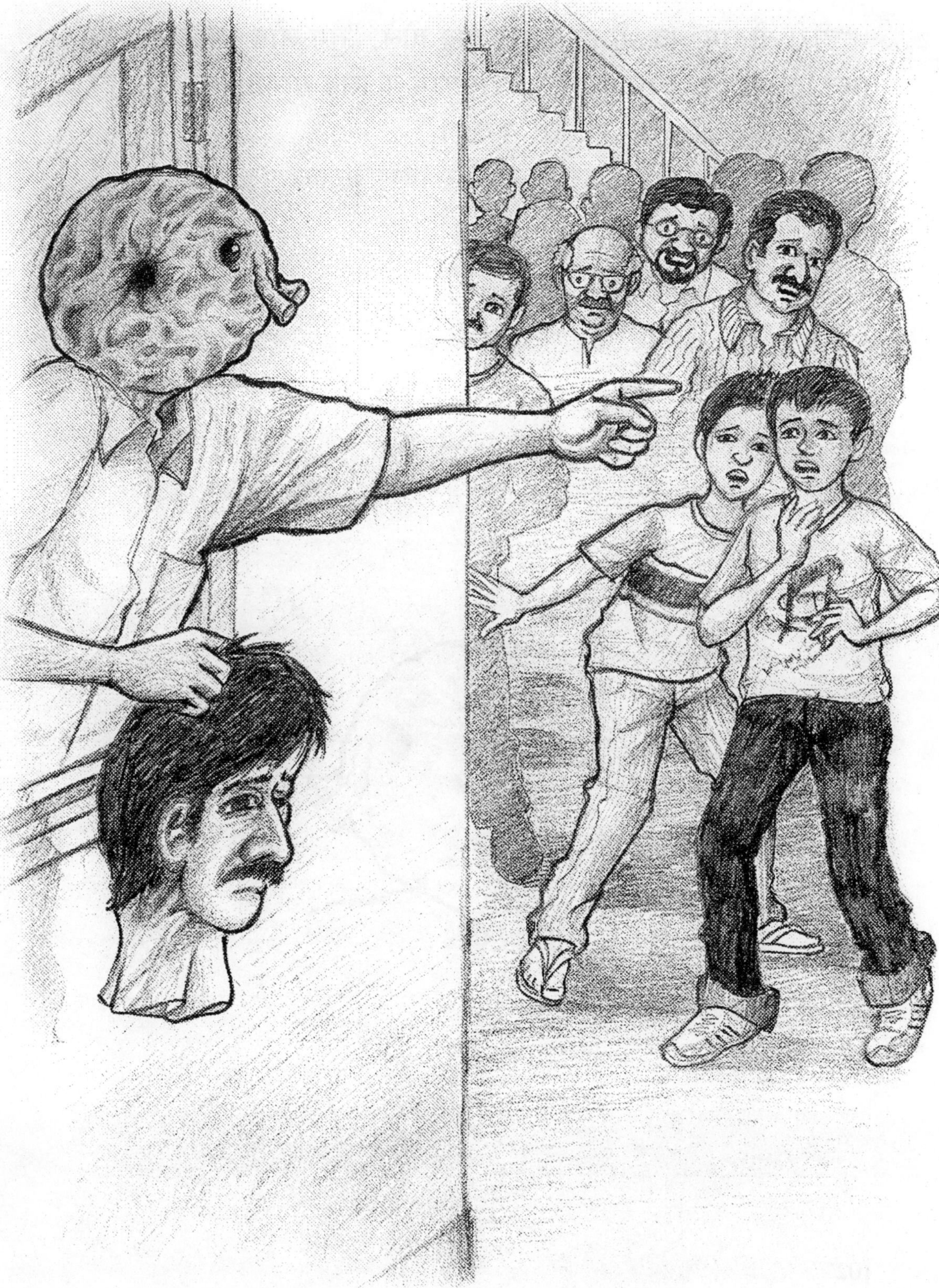

"हीरो तो तुम अब भी हो," घोष बाबू बोले, "तुम लोग नहीं जानते कि तुमने कितना बड़ा काम किया है। इस काम के लिये संस्थान तो करेगा ही, भारत सरकार भी तुम्हें पुरस्कृत करेगी।"

घोष बाबू की बात सुनकर रंजन और विष्णु मुस्करा पड़े।

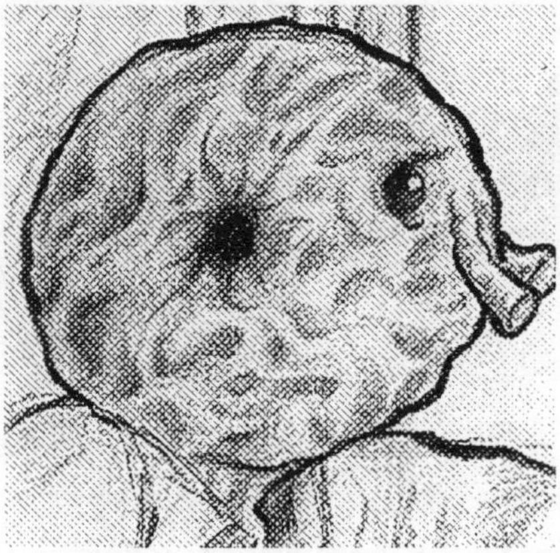

सी बी टी के चुनिंदा गोल्डन सेट

नैतिक कहानियां

पिटारा

शिक्षाप्रद कहानियां

फिर क्या हुआ...?

बुद्ध की कहानियां

खजाना कहानियों का

गड़बड़झाला और अन्य कहानियां

तेनालीरामन की कहानियां

प्रसिद्ध लोक कथाएं

पंचतंत्र की कहानियां

पौराणिक कहानियां

सी बी टी के ज्ञानवर्धक प्रकाशन

आओ पहचानें उपयोगी वृक्षों को

उपयोगी आविष्कार

पेड़-पौधों का रहस्यमय संसार

बीसवीं सदी का विलक्षण आविष्कार-लेसर

भारतीय वैज्ञानिक

व्यक्तित्व विकास और योग

विज्ञान के मनोरंजक खेल

हमारे पड़ोसी